deutsch üben – Taschentrainer

Anneli Billina

AF202855

Fit in Grammatik
B1

Hueber Verlag

ist eine Reihe von Übungsbüchern im kleinen Format für schnelles und bequemes Üben für zu Hause und unterwegs. Mit den Taschentrainern werden z. B. Grammatik und Wortschatz in authentischen Situationen wiederholt, gefestigt und vertieft.

Die Reihe ist optimal für das Selbststudium geeignet.

| 6. | 5. | 4. | | | Die letzten Ziffern |
| 2022 | 21 | 20 | 19 | 18 | bezeichnen Zahl und Jahr des Druckes. |

Alle Drucke dieser Auflage können, da unverändert,
nebeneinander benutzt werden.
1. Auflage
© 2010 Hueber Verlag GmbH & Co. KG, 85737 Ismaning, Deutschland
Umschlaggestaltung: creative partners gmbh, München
Fotogestaltung Cover: wentzlaff | pfaff | güldenpfennig kommunikation gmbh, München
Coverfoto: © Matton Images/OEM Images
Zeichnungen: Irmtraud Guhe, München
Verlagsredaktion: Valerio Vial, München
Layout: Susanne Länge, Hueber Verlag, Ismaning
Satz: appel media, Oberding
Druck und Bindung: Friedrich Pustet GmbH & Co. KG, Regensburg
Printed in Germany
ISBN 978–3–19–607493–2

Art. 530_00844_001_04

Seite

Liebe Deutschlernende,

der *deutsch üben* Taschentrainer Fit in Grammatik B1
ist ideal für das schnelle und bequeme Lernen zwischendurch.
Das kleine, handliche Format passt in jede Tasche.
So können Sie jederzeit, zu Hause oder unterwegs, Übungen
machen – und fit in Grammatik werden!

Im Taschentrainer Fit in Grammatik B1 finden Sie
- 70 Übungen zur Wiederholung und Vertiefung der
  Grammatik in der Niveaustufe B1 ,
- authentische Situationen, Dialoge und Textsorten
  aus dem Alltags- und Berufsleben
- und einen übersichtlichen Lösungsteil zur Selbstkontrolle
  mit einigen Tipps zur Grammatik.

Der vorliegende Taschentrainer ist für die Niveaustufe B1 und
die entsprechende Prüfung (Zertifikat Deutsch) des *Gemeinsamen
Europäischen Referenzrahmens* konzipiert.

Er ist bestens zur Selbstevaluation geeignet, um zu testen,
was man gut oder weniger gut beherrscht.

Viel Spaß mit Ihrem Taschentrainer !

Autorin und Verlag

A1 Urgroßmutters Erzählungen

Ergänzen Sie die fehlenden Verben im Präteritum.

Ja, ja, früher war alles besser …

1. Jeden Winter ___gab___ es viel Schnee. Heute gibt es nur noch manchmal Schnee im Winter.

2. Die Kinder _____ immer höflich. Heute grüßen die Kinder nicht mehr, oder rufen nur „Hallo!"

3. In der Straßenbahn _____ die Herren immer _____, wenn eine Dame _____, und _____ ihr den Sitzplatz _____. Heute stehen die Herren nicht mehr auf, wenn eine Dame kommt, und bieten ihr nicht mehr den Sitzplatz an.

4. Früher _____ Mann und Frau erst zusammen, wenn sie verheiratet _____. Heute leben Mann und Frau oft schon zusammen, wenn sie noch nicht verheiratet sind.

5. Damals _____ wir lange Briefe. Heute schreibt man sich nur noch kurze E-Mails.

6. Früher _____ wir nur manchmal ins Kino und _____ dort schöne Filme. Heute sieht man zu Hause jeden Abend Filme im Fernsehen.

7. Wir _____ damals viel Rad und _____ oft zu Fuß. Heute fahren die Jugendlichen U-Bahn und Bus oder haben ein Motorrad.

8. Früher _____ die jungen Frauen hübsche Kleider und Röcke, doch heute tragen sie immer nur Jeans und T-Shirts.

9. Die Menschen _____ sich früher gegenseitig, aber heute hilft einem keiner mehr.

10. Und die Männer _____ mir früher viel besser! Heute gefallen sie mir nicht mehr so gut …

A2 Wie war das bei dir zu Hause?

Ergänzen Sie die fehlenden Verben in der richtigen Form.

> müssen (4x) • dürfen (2x) • können (2x)
> sollen • wollen (3x) • sein (4x)
> haben (2x) • geben • kommen
> sagen • meinen • gehen • studieren

Annette und Thomas sind frisch verliebt und erzählen sich von ihrer Kindheit und Jugend.

◆ _Musstest_ (1.) du als Kind viel im Haushalt helfen?

● Eigentlich nicht. Ich _____ (2.) mein Zimmer aufräumen und ein bisschen in der Küche helfen, aber alles andere _____ (3.) nicht meine Aufgabe.

◆ Du _____ (4.) es aber gut! Ich _____ (5.) nur zum Spielen gehen, wenn ich mit meiner Arbeit fertig _____ (6.). Ich _____ (7.) nach dem Kochen immer die Küche aufräumen und alle zwei Tage das Bad putzen.

● Ja, mein Vater _____ (8.), dass ich ihm im Garten helfe, aber ich _____ (9.) keine Lust. _____ (10.) du denn am Wochenende ausgehen?

◆ Ja, Samstagabend. Aber ich _____ (11.) um 12 Uhr zu Hause sein. Und du?

● Das _____ (12.) meinen Eltern egal. Hauptsache, ich _____ (13.) am nächsten Morgen nicht zu spät zum Frühstück! Meine Mutter _____ (14.) immer: „Wer feiern kann, kann auch aufstehen!"

◆ Stimmt eigentlich ...

- Was _____ (15.) du während deiner Schulzeit werden?
- Ich _____ (16.) Tiermedizin studieren, aber meine Noten _____ (17.) zu schlecht. Ich _____ (18.) keinen Studienplatz bekommen. Deshalb _____ (19.) mein Vater, ich _____ (20.) eine Banklehre machen.
- Aber wie _____ (21.) du dann doch Tierarzt werden?
- Ich _____ (22.) ins Ausland und _____ (23.) dort. Es _____ (24.) für mich einfach keinen anderen Beruf!

A3 **Dichter gesucht!**
Bilden Sie von den folgenden Verben das Präteritum und ordnen Sie die Formen nach Stammvokalen in Gruppen.

e → a

ei → ie

a → u

fand

ie → o

i → a

ei → i

singen • ziehen • schlagen • finden
schneiden • geschehen • tragen • essen
springen • schreiben • lesen • gelingen
schließen • sehen • streiten • bleiben • fliegen
leihen • frieren • schreien • verlieren • fließen

A

A4 Hermann Hesse – ein Schriftstellerleben
Ergänzen Sie die Verben im Präteritum.

Kennen Sie „Siddharta" oder „Der Steppenwolf"?
Diese Bücher von Hermann Hesse ___wurden___ (1.)   werden
in der ganzen Welt berühmt.

Hermann Hesse _____ (2.) am 2. Juli 1877 in Calw   werden
(Württemberg) geboren. Er _____ (3.) in   besuchen
Deutschland und in der Schweiz die Schule. Mit
14 Jahren _____ (4.) er ins evangelisch-   kommen
theologische Seminar im Kloster Maulbronn, aus
dem er ein Jahr später _____ (5.). Er   weglaufen
_____ (6.) nur Dichter werden.   wollten

Nun _____ (7.) eine Zeit von großen Konflikten   beginnen
mit den Eltern und starken psychischen Problemen,
bis er eine Lehre als Buchhändler _____ (8.).   machen

Bereits als Jugendlicher _____ (9.) er   schreiben
Gedichte und Märchen, und mit 23 Jahren
_____ (10.) er sein erstes Buch.   veröffentlichen

Ab 1904 _____ (11.) er als freier Schriftsteller   leben
und _____ (12.) seine erste Frau.   heiraten

Während des 1. Weltkriegs _____ (13.)   verschicken

Hesse Bücher an deutsche Kriegsgefangene und

_____ (14.) eine Zeitschrift für sie _____.   herausgeben

Er _____ (15.) ein Kriegsgegner und _____ (16.)   sein

sich ins Tessin _____. Dort _____ (17.)   zurückziehen

er mit anderen Künstlern auf dem „Monte Verità".   leben

Er _____ (18.) bis zu seinem Lebensende im   bleiben

Tessin.

Im Alter _____ (19.) Hesse keine größeren   schreiben

Werke mehr, aber er _____ (20.) von seinen   bekommen

Lesern unglaublich viele Briefe, circa 35 000. Einen

großen Teil davon _____ (21.) er per-   beantworten

sönlich.

Am 9. August 1962 _____ (22.) Hermann Hesse   sterben

in Montagnola im Tessin.

Wenn Sie sich für seine Werke interessieren, beginnen Sie doch mal
mit einem Gedicht!
„Im Nebel" können Sie sicherlich schon verstehen. Sie finden seine
Gedichte im Internet!

A

A5 **Was war hier vorher passiert?**
Ordnen Sie die passenden
Sätze einander zu.

1. Ein junger Mann stand mit einem Pyjama bekleidet auf der Straße.
2. Ein Baum lag über dem Gleis und der Zug musste anhalten.
3. Eine Frau führte einen Elefanten durch die Stadt.
4. Ein alter Herr rief die Feuerwehr um Hilfe.
5. Im Café saß ein junger Mann am Tisch und schlief.
6. Aus dem Eingang der Universität lief eine junge Frau. Sie sang und lachte.
7. Ein kleines Mädchen stand im Kaufhaus und weinte.

a) Er war bei einer Zirkusshow weggelaufen.
b) In der letzten Nacht hatte er nur zwei Stunden geschlafen.
c) Sie hatte ihre Mutter verloren.
d) Er hatte die Zeitung aus dem Briefkasten geholt und die Tür war hinter ihm zugefallen.
e) Seine Katze war auf einen hohen Baum geklettert und kam alleine nicht mehr herunter.
f) In der Nacht hatte es einen starken Sturm gegeben.
g) Gerade hatte sie ihre Diplomprüfung bestanden.

1.	2.	3.	4.	5.	6.	7.
d)						

A6 **Ach, deshalb!**

Präteritum oder Plusquamperfekt? Ergänzen Sie die Verben in der richtigen Form.

1. Jutta – mit dem Fahrrad – zur Schule (fahren). Sie – zu spät (aufstehen), deshalb – sie – den Schulbus (verpassen).

   Jutta fuhr mit dem Fahrrad zur Schule. Sie war zu spät
   aufgestanden, deshalb hatte sie den Schulbus verpasst.

2. Christoph – die ganze Nacht (tanzen). Am nächsten Morgen – er – schrecklich müde (sein).

   _____

3. Ende Dezember – zwei Meter Schnee (liegen), da – es – eine Woche lang – pausenlos (schneien).

   _____

4. Die Mutter – die Küche – putzen (müssen), weil – ihre kleine Tochter – einen Kuchen (backen).

   _____

5. Endlich – Hannes – einen neuen Job (bekommen), nachdem – er – zwanzig Bewerbungen (schreiben).

   _____

6. Klara – auf das Abendessen (sich freuen). Sie – seit dem Frühstück – nichts mehr (essen).

   _____

7. Anna – stolz – mit ihrem neuen Roller (fahren). Sie – ihn – zum Geburtstag (bekommen).

   _____

A7 **Die Welt im Jahr 2070**

Ergänzen Sie die fehlenden Verben im Futur I.

1. Oft frage ich mich, was die Zukunft uns und unseren Kindern

   ___*bringen*___ ___*wird*___ (bringen).

2. _____ die Welt noch so _____ (sein), wie wir sie

   kennen?

3. Ich _____ im Jahre 2070 nicht mehr _____ (leben),

   aber mit ein bisschen Glück _____ meine Kinder Großeltern

   _____ (sein).

4. Man kann nur hoffen, dass es keine großen Kriege mehr

   _____ _____ (geben).

5. Wenn doch, dann _____ die Menschen wohl um Wasser

   _____ (kämpfen).

6. Und _____ die Menschen endlich _____ (verstehen),

   dass sie die Meere und den Regenwald schützen müssen?

7. Man _____ neue Ideen _____ (entwickeln) und es

   _____ viel neue Technik _____ (geben).

8. Hoffentlich _____ es nicht soweit _____ (kommen)

   wie in dem Satz von dem alten Indianer:

9. „Wenn der letzte Baum gefällt ist, der letzte Fluss vergiftet ist

   und der letzte Fisch gefangen ist, _____ ihr _____

   (einsehen), dass man Geld nicht essen kann ..."

A8 **Die harte Realität**
Bilden Sie einen irrealen
Satz im Konjunktiv II.

1. _Wenn das Wetter schön wäre,_
   würde ich jetzt spazieren gehen.
   Aber: Das Wetter ist nicht schön und
   ich gehe jetzt nicht spazieren.

2. _____
   Aber: Ich kann nicht singen und bin keine Opernsängerin.

3. _____
   Aber: Ich bin kein Millionär und kaufe keine Villa am Meer.

4. _____
   Aber: Stefan hat keinen Hund und kann nicht jeden Tag mit ihm
   joggen gehen.

5. _____
   Aber: Meine Kinder kochen nicht gern und ich muss jeden Tag für
   die Familie kochen.

6. _____
   Aber: Du lernst nicht viel und hast in der Schule keine guten Noten.

7. _____
   Aber: Wir haben nicht genug Geld und machen im Sommer nicht
   Urlaub auf den Malediven.

8. _____
   Aber: Ihr schlaft lange und kommt zu spät zur Schule.

A9 **Meine Schwiegermutter geht mir auf die Nerven!**
Ergänzen Sie die Sätze im Konjunktiv II.

Meine Schwiegermutter ist eine Katastrophe! Immer verbessert sie
mich, nichts kann ich richtig machen.

1. Wenn ich für meine Tochter Milch koche, sagt sie: „Du _solltest_
   ihr einen Tee _kochen_, das ist gesünder!" (kochen sollen)
2. Wenn ich die Küche aufräume, sagt sie: „Du _____ mal wieder
   den Keller _____, da sieht es schrecklich aus!" (aufräumen
   müssen)
3. Wenn ich meinen Kindern erlaube, einen Film anzusehen, sagt
   sie: „Bei mir _____ die Kinder nicht so viel _____!"
   (fernsehen dürfen)
4. Wenn ich meinem Mann einen grünen Pullover schenke, sagt sie:
   „Ein roter Pullover _____ ihm viel besser _____!
   (stehen)
5. Sie sagt, dass sie am liebsten alleine im Garten arbeitet. Dann
   aber fragt sie mich: „_____ du mir nicht mal ein bisschen
   _____?" (helfen können)
6. Wenn ich einen Kuchen backe, sagt sie: „Du _____ deinen
   Kindern nicht so viel Süßes _____!" (geben sollen)
7. Wenn sie zum Einkaufen geht, sagt sie: „_____ du nicht auch
   mal zum Einkaufen _____?" (gehen können)
8. Wenn mein Sohn in der Schule eine Note 2 schreibt, sagt sie:
   „Wenn du mehr mit ihm _____ _____, _____ er
   eine Eins _____! (lernen, schreiben können)
9. Wenn ich mir am Abend einen Liebesfilm anschaue, sagt sie:
   „Es _____ besser, wenn du dir einen Dokumentarfilm
   _____ _____! (sein, anschauen) Da _____ du
   etwas _____! (lernen können)
10. Wenn sie mich doch nur in Ruhe _____ _____! (lassen)

A10 **Ach, wenn doch nur ...!**

Ergänzen Sie die Verben in der richtigen Form.

1. Es regnet so stark. Wenn doch endlich der Bus _kommen_ _würde_! (kommen)

2. Meine kurzen Haare sind langweilig. Wenn ich doch lange Haare _____ ! (haben)

3. Jetzt ist er schon 5 Wochen in Afrika. Wenn mein Schatz mir endlich eine E-Mail _____ _____! (schreiben)

4. Gestern Abend habe ich wohl zu viel getrunken. O je, wenn mein Kopf nur nicht so weh _____ _____! (tun)

5. Ich glaube, ich habe mich verlaufen. Wenn ich nur den richtigen Weg _____ _____! (wissen)

6. Morgen fährt unser nettes Au-pair-Mädchen wieder zurück nach Hause. Wenn sie doch immer bei uns _____ _____! (bleiben)

7. Ich bin schon so müde ... Wenn unsere Gäste doch endlich nach Hause _____ _____! (gehen)

8. Ich will nichts von diesem Typ wissen. Wenn er mich nur endlich in Ruhe _____ _____! (lassen)

A

A11 ... dann wäre alles anders gekommen!
Ordnen Sie die passenden Satzteile einander zu.

1. Wenn ich meinen Schlüssel nicht vergessen hätte,
2. Wenn der Unterricht nicht so langweilig gewesen wäre,
3. Wenn mein Mann nicht verschlafen hätte,
4. Wenn sie sich besser auf die Prüfung vorbereitet hätte,
5. Wenn der Taxifahrer schneller gefahren wäre,
6. Wenn es am Wochenende nicht geregnet hätte,
7. Wenn ich nicht zwei Tafeln Schokolade gegessen hätte,
8. Wenn ich Geld hätte,
9. Wenn er nicht so viel arbeiten müsste,
10. Wenn Sie nicht so leise sprechen würden,

a) hätte ich nicht das Flugzeug verpasst.
b) wären wir zum Schwimmen an den See gefahren.
c) wäre mir jetzt nicht so schlecht.
d) würde ich mir ein neues Auto kaufen.
e) könnte er mehr Zeit mit seinen Kindern verbringen.
f) könnte ich Sie besser verstehen!
g) wäre er nicht zu spät zu seinem Meeting gekommen.
h) könnte ich jetzt in meine Wohnung.
i) wäre sie nicht durchgefallen.
j) wäre ich nicht dabei eingeschlafen.

1.	2.	3.	4.	5.	6.	7.	8.	9.	10.
h)									

A12 **..., als ob er traurig wäre!**
Bilden Sie Antwortsätze und
setzen Sie die Verben in die richtige Form.

1. ◆ Was ist denn mit Peter los?
   ● Ich weiß nicht.
     Er sieht aus, als ob er traurig wäre.
     (er / aussehen / als ob / , / sein /
     traurig / er)

2. ◆ Denkst du, das Wetter bleibt schön? Ich möchte so gern grillen
     heute Abend!
   ● Das könnte schwierig werden. _____

     _____

     (es / regnen / aussehen / bald / es / als ob / ,)

3. ◆ Du, wie viel hat dein Freund eigentlich heute Abend getrunken?
   ● Ich habe seine Biere nicht gezählt. _____

     _____

     (er / , / reden / aber / als ob / so / zu viel / er / getrunken
     haben)

4. ◆ Oh, dein armer Mann ist ja völlig überarbeitet!
   ● Ach ja? Wenn du mich fragst, _____

     _____

     (nur so / er / tun / als ob / viel Stress / er / , / haben)
     Eigentlich hat er ein ganz entspanntes Leben!

5. ◆ Ach, dein Bruder ist wunderbar! Er geht so gern mit mir ins
     Konzert!
   ● Das macht er nur aus Liebe zu dir! _____

     _____

     (nur so / , / als ob / musikalisch sein / er / tun / er)

A13 Öffentliche Bekanntmachungen

Bilden Sie Sätze im Präsens Passiv.

1. um 8 Uhr – die Abendkasse – öffnen

   Um 8 Uhr wird die Abendkasse geöffnet.
   _____

2. wegen Bauarbeiten – die Linien U3 und U6 – für eine Stunde – schließen

   _____

3. ab August – das Theater – renovieren

   _____

4. hier – eine neue U-Bahn-Station – bauen

   _____

5. die Besucher – im Museum – nicht zu fotografieren – bitten

   _____

6. die Ausstellung – am 16. Mai – eröffnen

   _____

7. Autos ohne Parkerlaubnis – von der Polizei – abschleppen

   _____

8. die Funktion des Fotoapparates – in der Gebrauchsanweisung – erklären

   _____

A14 Eine „To-do-Liste"

Machen Sie aus den Notizen ganze Sätze im Präsens Passiv. Ergänzen Sie *müssen, dürfen, sollen* oder *können*.

Frau Weber plant eine Konferenz im nächsten Monat. Sie hat sich schon viele Notizen gemacht und klärt nun mit ihrer Assistentin die Organisation. Was muss alles gemacht werden?

> 1. Einladungen verschicken
> 2. Hotelzimmer bestellen
> 3. Technik nicht vergessen!
> 4. Referenten: Vorträge vorbereiten
> 5. Finanzierung klären
> 6. Konferenzraum buchen
> 7. Presse benachrichtigen (2 Tage vor Konferenzbeginn)
> 8. Tagesordnung entwerfen

1. Die Einladungen _müssen_ dringend _verschickt werden._

2. Die Hotelzimmer _____ spätestens Ende der Woche

   _____

3. Die Technik _____ nicht _____

4. Die Vorträge _____ von den Referenten möglichst bald

   _____

5. Die Finanzierung _____

6. Der Konferenzraum _____ heute noch _____

   _____

7. Die Presse _____ erst zwei Tage vor Konferenzbeginn

   _____

8. Die Tagesordnung _____

A15 Der Viktualienmarkt in München

Aktiv oder Passiv? Ergänzen Sie die Sätze in der richtigen Form.
Vorsicht: Manche Lücken bleiben leer!

Der Münchner Viktualienmarkt __*ist*__
ein großer Platz im Zentrum der Stadt
_____ (sein). Seit 1806 _____
hier Obst und Gemüse _____ (verkaufen), aber auch Brot, Fleisch oder Käse
_____ es hier _____ (geben).
Mitten auf dem Marktplatz _____ ein großer Maibaum
_____ (stehen). Er _____ am 1. Mai mit einem
frischen Kranz _____ (schmü-
cken) und _____ das traditionelle
Handwerk in München _____
(zeigen).
Auch einen gemütlichen Biergarten
_____ es hier _____ (geben). Da _____
Bier _____ (trinken), _____ Würstel _____
(braten) und Brezen _____ (essen).
Mit kleinen Brunnen _____ an berühmte bayerische
Schauspieler _____ (erinnern).
Am Faschingsdienstag _____ hier den ganzen Tag über Fasching
_____ (feiern). Vormittags _____ man den traditionellen
Tanz der Marktfrauen _____ (sehen können), und später
_____ es Musik und natürlich jede Menge zu trinken _____
(geben). In den Bäckereien um den Marktplatz _____ Faschingskrapfen _____ (verkaufen) und zu späterer Stunde – wenn
man Glück hat! – sogar _____ (verschenken).
Den Touristen _____ von den Stadtführern am Viktualienmarkt
viel über die Münchner Geschichte _____ (erzählen) – auf jeden
Fall _____ dieser Platz einen Besuch wert _____ (sein)!

A16 Was von Hans Hinkelstein übrig blieb ...

Setzen Sie die Sätze ins Passiv Präteritum, ohne die aktive Person zu nennen.

Hans Hinkelstein war ein Gärtner. Er arbeitete von 1815–1858 bei einer Familie, die in einer großen Villa wohnte, und legte in dem riesigen Park einen wunderschönen Garten an.

Heute bewundern die Besucher des Parks all die Bäume und Pflanzen, aber keiner kennt mehr den Namen von Hans Hinkelstein. Alles, was von ihm blieb, ist ein traumhafter Garten. Wie dieser entstand, erzählen die Touristenführer heute so:

1. Hans pflanzte um den Garten herum eine Hecke.
   Um den Garten herum wurde eine Hecke gepflanzt.

2. Am hinteren Ende des Gartens baute Hans einen Pavillon.
   _____

3. Vor dem Pavillon legte er einen Teich mit Seerosen an.
   _____

4. An der südlichen Hauswand zog Hans eine Kletterrose hoch.
   _____

5. Er sammelte die verschiedensten Kräuter und setzte sie in der Nähe der Küche ein.
   _____

6. Den Weg zum Hauseingang entlang pflanzte Hans Apfelbäume.
   _____

7. Er schnitt regelmäßig die Rosen, damit sie gut wachsen konnten.
   _____

8. Hans Hinkelstein machte aus einem großen, aber einfachen Garten ein Schmuckstück.
   _____

A17 Traditionen an Ostern

Setzen Sie die Sätze ins Passiv.

1. **Osterfeuer:** Am Karfreitag* löschte man das Feuer im Ofen aus. Dann holte man in der Osternacht ein neues Licht von einer Kerze in der Kirche, trug es nach Hause und zündete damit das Feuer im Ofen wieder an. **Freitag vor Ostern*

   Am Karfreitag _wurde_ das Feuer im Ofen _ausgelöscht_ . Dann _____ in der Osternacht ein neues Licht von einer Kerze in der Kirche _____, nach Hause _____ und damit das Feuer im Ofen wieder _____.

2. **Fastenzeit:** Zwischen Fasching und Ostern aß man nichts, diese Zeit nannte man Fastenzeit. In den Klöstern braute man starkes Bier und trank es in dieser Zeit, weil Getränke das Fasten nicht brachen.

   Zwischen Fasching und Ostern _____ nichts _____, diese Zeit _____ Fastenzeit _____. In den Klöstern _____ starkes Bier _____ und in dieser Zeit _____, weil durch Getränke das Fasten nicht _____.

3. **Eier picken:** An Ostern suchten die Kinder bunte hartgekochte Eier im Garten. Dann schlugen sie zwei Eier gegeneinander. Der Gewinner nahm das zerbrochene Ei seines Gegners.

   An Ostern _____ von den Kindern bunte hartgekochte Eier im Garten _____. Dann _____ zwei Eier gegeneinander _____. Das zerbrochene Ei des Gegners _____ vom Gewinner _____.

4. Heute sind nur noch Reste dieser Traditionen lebendig. Aber immer noch isst man in der Zeit vor Ostern wenig Fleisch und Süßes, zündet beim Osterfrühstück eine Kerze an und schlägt die hartgekochten bunten Eier gegeneinander.

   Heute sind nur noch Reste dieser Traditionen lebendig. Aber immer noch _____ in der Zeit vor Ostern wenig Fleisch und Süßes _____, _____ beim Osterfrühstück eine Kerze _____ und _____ die hartgekochten bunten Eier gegeneinander _____.

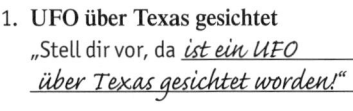

A18 Hast du das gelesen?
Setzen Sie die Schlagzeilen aus
der Zeitung ins Passiv Perfekt.

1. **UFO über Texas gesichtet**
   „Stell dir vor, da *ist ein UFO*
   über Texas gesichtet worden!"

2. **Ältester Mensch im Himalaya gefunden**
   „Hast du das gelesen? Letzte Woche _____
   _____!"

3. **Goldschatz vor Afrikas Küste entdeckt**
   „So etwas: Da _____
   _____!"

4. **Tiger aus Zoo frisst Hund**
   „Oh, der Arme – da _____
   _____!"

5. **142 verletzte Dorfbewohner bei Vulkanausbruch**
   „Meine Güte – da _____
   _____!"

6. **Siamesische Zwillinge in 15-stündiger Operation getrennt**
   „Hast du das gelesen? In einer 15-stündigen Operation _____
   _____!"

7. **Bild von Picasso für 10 Millionen Dollar verkauft**
   „Das Geld müsste man haben! Da _____
   _____!"

8. **Lebensmittelpreise um 15 Prozent erhöht**
   „Nein! Jetzt _____
   _____!"

A19 **Der Chef hat schlechte Laune**
Setzen Sie die Sätze ins Passiv Perfekt.

Heute Morgen gibt es nur Kritik für die Mitarbeiter. Der Chef zählt alles auf, was gestern nicht erledigt worden ist:

1. den Vertrag mit unserem Partner in Hamburg schreiben:
   Der Vertrag mit unserem Partner in Hamburg ist nicht
   geschrieben worden.

2. die Flüge nach London buchen:
   _____

3. die Werbebriefe vor 17 Uhr zur Post bringen:
   _____

4. den Termin bei der Messe absagen:
   _____

5. die Handwerkerrechnung überprüfen:
   _____

6. abends die Kaffeemaschine ausschalten:
   _____

7. die Bürotür zuschließen:
   _____

8. das Angebot für London ins Englische übersetzen:
   _____
   _____

9. die leeren Kaffeetassen auf den Schreibtischen wegräumen:
   _____
   _____

Noch so ein Tag und alle werden gekündigt!

A20 Besuch am Checkpoint Charlie in Berlin

Aktiv oder Passiv? Präsens, Präteritum oder Perfekt? Setzen Sie die Verben in Klammern in die richtige Form.

„Hier, meine Damen und Herren, sehen Sie den bekanntesten Grenzübergang in Berlin.

1. Er _wird_ ‚Checkpoint Charlie' _genannt_ (nennen).
2. Durch diesen Punkt _____ die Mauer _____ (verlaufen), die seit 1961 die Bundesrepublik Deutschland und die Deutsche Demokratische Republik _____ _____ (teilen).
3. Mitten durch Berlin _____ diese Mauer _____ (gehen).
4. Der Checkpoint Charlie _____ nur von Menschen mit politischen Funktionen _____ _____ (benutzen dürfen).
5. Hier _____ vor dem Fall der Mauer auf Flüchtlinge _____ _____ (schießen).
6. 1990 _____ der Kontrollpunkt _____ _____ (abbauen).
7. Heute _____ er im Berliner Alliierten Museum _____ _____ (besichtigen können).
8. Im ‚Haus am Checkpoint Charlie' _____ ein Fluchtmuseum _____ _____ (einrichten).
9. Dort _____ Geschichten von abenteuerlichen Fluchtversuchen _____ (erzählen), z.B. von dem 140 Meter langen Tunnel, der unter der Mauer _____ _____ _____ (graben).
10. 1964 _____ durch diesen Tunnel 57 Menschen _____ (fliehen).

Lassen Sie uns nun dieses eindrucksvolle Museum besuchen!"

A21 **Szenen aus dem Alltag**
Kombinieren Sie die richtigen
Satzteile.

1. Anna sitzt am Schreib-
   tisch und träumt
2. Mama öffnet die Post
   und ärgert sich
3. Der Nachbar klingelt
   und dankt
4. Hans streitet laut
5. Papa beklagt sich
6. Oma ruft an und
   erkundigt sich
7. Klein-Peter erzählt
8. Mama sagt zu Hans:
   „Entschuldige dich
9. Papa hat schrecklich
   Hunger und wartet
10. Onkel Alfons ruft an
    und lädt alle

a) für das Blumengießen
   während seines
   Urlaubs.
b) über seinen Chef.
c) von seinem Tag im Kindergarten, aber keiner hört
   ihm zu.
d) bei deinem Bruder!"
e) nach der Adresse von
   Onkel Alfons.
f) von ihrem Biologielehrer.
g) mit seinem Zwillings-
   bruder.
h) auf das Abendessen.
i) zu seinem 85. Geburtstag
   ein.
j) über die Stromrechnung.

1.	2.	3.	4.	5.	6.	7.	8.	9.	10.
f)									

A22 Woran denkst du denn?

Markieren Sie die richtigen Lösungen.

1. ◆ Du bist so schweigsam – (woran)/worüber denkst du denn die ganze Zeit?
   ● Ach, ich muss immer in/an Martha denken. Gestern hat sie sich mit/von diesem Carlos verabredet, und ich weiß nicht, was ich darüber/davon halten soll.
   ◆ Mach dir darüber/daran keine Gedanken! Du kannst dich bestimmt auf/an sie verlassen, so verliebt, wie sie in/über dich ist!
   ● Das beruhigt mich. Schließlich verstehst du etwas über/von Frauen ...!
2. ◆ Bald machen wir Urlaub in Dänemark. Ich hoffe so darauf/daran, dass wir gutes Wetter haben!
   ● Ich drücke euch die Daumen! Du musst dich auch wirklich vom/beim Stress der letzten Wochen erholen.
   ◆ Ja, da hast du Recht. Ich träume schon jede Nacht zu/von meiner Arbeit.
   ● Wann fahrt ihr los?
   ◆ Das hängt daran/davon ab, wann ich mit meinem Projekt fertig bin. Hoffentlich bald!
3. ◆ Nimmst du an/in der Konferenz nächsten Monat teil?
   ● Ja, ich wollte schon – und du?
   ◆ Ich muss mich noch für/um ein Flugticket kümmern. Und ich werde dieses Mal an/gegen die Organisatoren schreiben, dass sie dafür/darum sorgen sollen, mir ein wirklich gutes Hotelzimmer zu geben. Das letzte Mal konnte ich wegen des Lärms keine Nacht schlafen und mich am nächsten Tag auf/über keinen Vortrag konzentrieren.
   ● Hast du dich nicht beim/vom Hoteldirektor über/um den Lärm beschwert?
   ◆ Doch, aber der konnte nichts dafür/dagegen machen. Es gab keine Zimmer mehr.

A23 Ich möchte mehr wissen!

Ergänzen Sie die passenden Fragewörter. Wenn es sich um eine Sache oder eine Person handeln kann, müssen Sie beides ergänzen.

1. ◆ Ich ärgere mich so wahnsinnig!
   ● *Über wen oder worüber?*
   ◆ Über meine Deutschnote!
2. ◆ Jetzt habe ich mich entschieden!
   ● _____
   ◆ Für Elisabeth! Aber Mirjam ist jetzt traurig ...
3. ◆ Ich habe die ganze Nacht nicht geschlafen und nachgedacht ...
   ● _____
   ◆ Über alles, was ich in nächster Zeit tun muss.
4. ◆ Ich sollte dich erinnern!
   ● _____
   ◆ Das weiß ich doch nicht, das solltest du wissen!
5. ◆ Hast du dich schon bedankt?
   ● _____
   ◆ Bei unseren Nachbarn, fürs Blumengießen während unseres Urlaubs!
6. ◆ Jetzt habe ich mich endlich erkundigt.
   ● _____
   ◆ Bei der Filmhochschule München, nach den Aufnahmebedingungen!
7. ◆ Die Butter schmeckt irgendwie komisch.
   ● _____
   ◆ Nach altem Käse oder so ...
8. ◆ Hast du Moritz schon gratuliert?
   ● _____
   ◆ Zu seinem bestandenen Abitur!
9. ◆ Ich muss mich dringend erholen.
   ● _____
   ◆ Von meinem stressigen Deutschkurs!
10. ◆ Hach, gestern Abend habe ich mich schrecklich verliebt ...
    ● _____
    ◆ In diesen netten Typen, mit dem ich so lange an der Bar gestanden habe.

A24 **Zu wenig Zeit ...**
Ergänzen Sie die Sätze.

Liebes Tagebuch,

was für schwierige Zeiten!
So viel hängt _davon_ (1.) ab, ob ich _____ (2.) den
Schwimmwettkämpfen nächsten Monat teilnehmen darf.
Ich bereite mich schon täglich _____ (3.) vor und trainiere
wie verrückt, aber andererseits muss ich mich auch _____
(4.) mein Studium konzentrieren. Das fällt schwer!
Und Joachim beklagt sich _____ (5.), dass ich so wenig
Zeit _____ (6.) ihn habe. Wenn ich mich _____ (7.) ihm
verabredet habe, freue ich mich immer riesig _____ (8.)
den Abend, aber dann streiten wir uns doch meistens
_____ (9.), dass ich mich zu wenig _____ (10.) ihn
kümmere. Er versteht einfach nichts _____ (11.)
Leistungssport – aber wenn er _____ (12.) mir zusammen
sein will, muss er sich _____ (13.) gewöhnen! Er kann
mich nicht _____ (14.) überzeugen, dass ich _____ (15.)
dem Training aufhöre!
Aber ich leide wirklich _____ (16.), denn ich liebe ihn
doch ...
Ich glaube, ich muss _____ (17.) sorgen, dass er das alles
weniger dramatisch sieht.
Tschüs, Tagebuch!

Deine schwimmende und kämpfende Vroni

A25 Auf Händen getragen!
Bilden Sie die Sätze mit den Verben
brauchen und *lassen*.

Mathilda hat einen reichen Manager
geheiratet. Bereits am ersten Tag
ihrer Ehe hält er sie liebevoll davon
ab, etwas im Haus zu tun:

1. Bereite das Frühstück nicht vor (brauchen). Das macht unsere
   Küchenhilfe (lassen). *Du brauchst das Frühstück nicht*
   vorzubereiten, lass das unsere Küchenhilfe machen!
2. Gieß nicht die Blumen. Unser Gärtner arbeitet im Garten.

   _____
3. Geh nicht zum Einkaufen. Das kann unser Hausmädchen machen.

   _____
4. Räum nicht das Wohnzimmer auf. Unsere Hausdame sorgt für
   Ordnung. _____

   _____

Bald fängt Mathilda auch damit an und sagt zu ihrem Mann:
5. Fahr dein Auto nicht selbst. Unser Chauffeur bringt dich in die
   Firma. _____

   _____
6. Schreib deine Briefe nicht selbst. Dein Sekretär erledigt das.

   _____

Doch dann kommt die große Wirtschaftskrise, und eines Abends
beschließen Mathilda und ihr Mann:
7. Bezahlen wir nicht so viel Personal. Wir erledigen alle Arbeit
   selbst. _____

   _____

... und plötzlich war ihr Leben nicht mehr so langweilig!

A26 Namensalphabet

Ergänzen Sie *zu*, wenn es nötig ist.

1. Anton hat Angst, im Dunkel _zu_ schlafen.

2. Berta würde jetzt gern ans Meer ___ fahren.

3. Corinna hört den ganzen Tag ihre Nachbarin Klavier ___ spielen.

4. Daniel will sich morgen die Haare schneiden ___ lassen.

5. Erich sagt, dass es wichtig ist, sich gesund ___ ernähren.

6. Friedrich findet es interessant, Wirtschaft ___ studieren.

7. Günther versucht Inliner ___ fahren.

8. Hannes beginnt einen Keramikkurs ___ machen.

9. Ilse hilft der alten Dame die Einkaufstasche ___ tragen.

10. Jörg lernt Gitarre ___ spielen.

11. Karin braucht heute nicht ins Büro ___ gehen.

12. Linda freut sich bald ihre Großmutter ___ sehen.

13. Melissa stellt sich vor am Meer in der Sonne ___ liegen.

14. Niko bleibt auf seinem Platz ___ sitzen.

15. Oskar soll die Küche alleine auf___räumen.

16. Philippa hofft einen netten jungen Mann kennen___lernen.

17. Anneli hat keine Lust, das Alphabet fertig ___ machen!

A27 Hast du dir den schon angesehen?

Bilden Sie Sätze und setzen Sie die Reflexivpronomen in die richtige Form.

1. ◆ du / ? / mit Johnny Depp / sich angesehen haben / den neuen Film / schon

   ◆ *Hast du dir schon den neuen Film mit Johnny Depp angesehen?*

   ● ich / den / sich anschauen / wollen /. / morgen Abend

   ● _____

2. ◆ bitte / ! / die Hände / vor dem Essen / sich waschen

   ◆ _____

   ● ich / schon / . / sie / sich gewaschen haben

   ● _____

3. ◆ etwas / du / fürs neue Jahr / ? / sich vorgenommen haben

   ◆ _____

   ● ich / die Renovierung meines Hauses / sich vorgenommen haben / .

   ● _____

4. ◆ sich ausdenken / eine Geschichte / ! / und / erzählen / mir / sie

   ◆ _____

   ● ich / können / eine Geschichte / sich ausdenken / nicht so schnell / .

   ● _____

5. ◆ du / ? / sich gemerkt haben / den Namen / von der tollen Frau

   ◆ _____

   ● tut mir leid / , / ich / können / Namen / sich merken / . / sehr schlecht / aber

   ● _____

6. ◆ du / ? / wie / deinen Traummann / sich vorstellen

   ◆ _____

   ● ich / sich vorstellen / ihn / . / wie Robert Redford

   ● _____

A28 Mir oder mich, das verwechsle ich nicht ...

Ergänzen Sie die Reflexivpronomen im Dativ oder im Akkusativ.

1. ◆ Darf ich ___*mir*___ heute kurze Hosen anziehen, Mama?
   ● Nein, es ist noch zu kalt. Zieh _____ bitte wärmer an!
2. ◆ Kann ich _____ heute Nachmittag dein Fahrrad ausleihen?
   ● Tut mir leid, das hat _____ gestern schon mein Bruder geliehen.
3. ◆ Ach, ich brauche so dringend Urlaub, aber ich kann _____
   nichts Teures leisten!
   ● Wenn du _____ das gut überlegst, findest du bestimmt auch
   eine günstige Lösung!
4. ◆ Um 20:00 Uhr beginnt der Empfang. Möchtest du _____ vorher
   noch umziehen?
   ● Ja, aber ich brauche nicht lange. Treffen wir _____ um zehn
   vor acht in der Hotelhalle?
5. ◆ Ich möchte _____ ganz herzlich für die schönen Blumen
   bedanken!
   ● Gern geschehen! Ich bin ganz stolz, dass ich _____ deinen
   Geburtstag gemerkt habe ...!
6. ◆ Ich muss _____ für die Verspätung entschuldigen – es tut mir
   so leid!
   ● Kein Problem, ich bin froh, dass Sie da sind! Ich hatte _____
   schon Sorgen gemacht, dass Sie _____
   in der fremden Stadt verlaufen haben!
7. ◆ Stell _____ vor, mein Vater möchte
   nächsten Monat heiraten – zum vierten
   Mal!
   ● Der verliebt _____ aber schnell ...
   Ich kann _____ noch gut an die letzte
   Hochzeit erinnern, das ist noch nicht
   lange her!

B1 **Deswegen ist sie so dick!**
Kombinieren Sie die
passenden Satzteile.

1. Sie hat ein sehr gutes
   Abitur geschrieben,
2. Mein Sohn geht mir
   manchmal auf die Nerven,
3. Josef liebt das Theater,
4. Die Katze frisst und
   schläft den ganzen Tag,
5. Ich sollte abnehmen,
6. Jürgen arbeitet gern
   im Garten,
7. Er verdient sehr gut,
8. Meine Tochter liegt mit
   Grippe im Bett,
9. Ich freue mich auf den
   Besuch meines Schwieger-
   vaters,
10. Lucia hat einen
    deutschen Freund,

a) deshalb besucht er eine
   Schauspielschule.
b) deswegen ist sie so dick.
c) darum blühen dort die
   schönsten Blumen.
d) dennoch hat er nie Geld.
e) trotzdem liebe ich ihn
   sehr.
f) jedoch will er eine ganze
   Woche bleiben.
g) darum möchte sie gut
   Deutsch lernen.
h) trotzdem will sie nicht
   Medizin studieren.
i) also gehe ich jetzt jeden
   Tag zum Laufen.
j) daher kann sie am Schul-
   ausflug nicht teilnehmen.

1.	2.	3.	4.	5.	6.	7.	8.	9.	10.
			b)						

B2 **... trotzdem wurde er 98 Jahre alt!**

Welche Konnektoren passen? Ergänzen Sie die Sätze mit den Wörtern aus dem Kasten.

1. Don Silvio rauchte jeden Tag eine

   Zigarre und trank ein Glas Rum,

   trotzdem wurde er 98 Jahre

   alt.

2. Lisa ärgerte ständig ihre Tisch-

   nachbarin, _____ setzte der Lehrer sie auf einen neuen

   Platz.

3. Ich habe heute Morgen lange geschlafen, _____ bin ich

   jetzt fit und ausgeruht.

4. Er hat schon viele Deutschkurse besucht, _____ kann er

   schon sehr flüssig Deutsch sprechen.

5. Lena hat eine Erkältung, _____ geht sie ins Fitness-Studio.

6. Daniel möchte sehr gern ein Motorrad kaufen, _____ hat er

   im Moment zu wenig Geld.

7. Seine Eltern raten Albert, Medizin zu studieren, _____

   möchte er lieber Lehrer werden.

> deshalb • daher • deshalb • dennoch • trotzdem
> jedoch • ~~trotzdem~~

B3 **Ein altes Familienalbum**
Ergänzen Sie die Relativpronomen aus dem Kasten.

◆ Opi, erklär doch mal, wer das alles ist!

● Schau mal, das hier ist dein Großonkel

Friedrich. Das ist der, __*den*__ (1.) seine

Frau nach einem Monat Ehe verlassen

hat, obwohl er wirklich nett war! Und

hier ist Großmama Theresia, _____ (2.)

aus Österreich stammte. Sie hatte drei

Töchter – die älteste, _____ (3.) später der Hof gehörte, hier die

mittlere, _____ (4.) nach Amerika ausgewandert ist, und hier die

jüngste, _____ (5.) später so ein schlimmer Reitunfall passiert ist.

Auf dem Foto siehst du die Söhne von meinem Bruder Eckart.

Das sind deine Onkel, _____ (6.) du nur ein Mal vor fünf Jahren

begegnet bist. Der hier, _____ (7.) seine Frau gerade einen Kuss

gibt, ist Arzt geworden. Und das ist der Jüngste, _____ (8.) ich

am liebsten mag.

Hier vorne sind noch ganz alte Fotos, _____ (9.) bei einem Foto-

grafen gemacht wurden. Der hier in der Mitte, _____ (10.) so ernst

schaut, ist dein Urgroßvater. Eigentlich siehst du ihm ziemlich

ähnlich!

> die • ~~den~~ • dem • der • die • denen • die
> der • den • der

B4 **So viele Fragen ...**

Ergänzen Sie die Relativpronomen.

1. ◆ Mama, was ist eine Bundeskanzlerin?
   ● Das ist eine Frau, *die* zusammen mit den Ministern Deutschland regiert.
2. ◆ Und was ist der „Tag der deutschen Einheit"?
   ● Das ist der Tag, _____ Deutschland wegen der Wiedervereinigung als Nationalfeiertag feiert.
3. ◆ Und was ist die Wiedervereinigung?
   ● Das ist das Ereignis, _____ aus der BRD und der DDR wieder ein Deutschland gemacht hat.
4. ◆ Und was ist der „Reichstag"?
   ● Das ist ein altes, schönes Gebäude in Berlin, in _____ das Parlament arbeitet.
5. ◆ Mama, was ist das „Oktoberfest"?
   ● Das ist ein großes Volksfest, _____ jeden Herbst in München gefeiert wird und bei _____ viel Bier getrunken wird.
6. ◆ Mama, was für eine Stadt ist Weimar?
   ● Eine kleine Stadt, _____ in Thüringen liegt und in _____ Goethe und Schiller gelebt und geschrieben haben.
7. ◆ Weißt du, was der „Brocken" ist?
   ● Ja, das ist ein Berg, _____ in Mitteldeutschland liegt und auf _____ die Hexen in der Nacht zum ersten Mai die Walpurgisnacht feiern – heißt es in alten Geschichten!
8. ◆ Huch, gruselig! Und, Mama, ...
   ● Weißt du was?
   ◆ Nein?
   ● Meine Tochter ist das Kind, _____ auf der ganzen Welt die meisten Fragen stellt!
   ◆ Ooch, Mama ...!

B5 **Kennst du eigentlich ...?**

Ergänzen Sie die Sätze mit den Relativpronomen aus dem Kasten.

1. ◆ Kennst du eigentlich den Film „Casablanca"?
   ● Das ist doch der Film,
     - _____der_____ 1942 in Marokko spielt.
     - _____ das Zitat ist: „Schau mir in die Augen, Kleines!"
     - _____ Humphrey Bogart zum Star wurde.

2. ◆ Kennst du eigentlich die Oper „Don Giovanni"?
   ● Klar, das ist doch die Oper,
     - _____ Wolfgang Amadeus Mozart geschrieben hat.
     - _____ so viele berühmte Melodien stammen.
     - _____ ich schon als Kind einmal war.

3. ◆ Kennst du eigentlich das Buch „Der Steppenwolf" von Hermann Hesse?
   ● Ja, das ist ein Buch,
     - _____ ich mit 16 Jahren gelesen und noch nicht ganz verstanden habe.
     - _____ ich mich später noch einmal beschäftigt habe.
     - _____ sehr viel geschrieben wurde.

4. ◆ Kennst du eigentlich die „Toten Hosen"?
   ● Natürlich, die haben Songs geschrieben,
     - _____ ich noch besser Deutsch gelernt habe!
     - _____ ich eine Zeit lang Tag und Nacht gehört habe.
     - _____ man wirklich gut verstehen kann.

---

aus dem • in der • das • die • ~~der~~ • die • über das
mit denen • durch den • aus der • mit dem • die

B6 Auf dem roten Teppich

Verbinden Sie die beiden Sätze mit Relativpronomen im Genitiv.

Filmfestspiele in Cannes. Prominente Schauspieler, elegant gekleidet, werden von den Fans bewundert und von den Reportern kommentiert:

1. Hier kommt Johnny Depp. Sein Auftreten wird von einem Aufschrei seiner Fans begleitet.

   Hier kommt Johnny Depp, dessen Auftreten von einem
   Aufschrei seiner Fans begleitet wird.

2. Soeben steigt Keira Knightley aus dem Taxi. Ihr fantasievoll geschnittenes Abendkleid betont ihre schmale Figur.

   _____

   _____

3. Penélope Cruz geht sicher über den roten Teppich. Ihre Schuhabsätze sind bestimmt 20 Zentimeter hoch.

   _____

   _____

4. Mickey Rourke ist in Begleitung einer jungen Schönheit. Seine Lederjacke sieht aus wie eine Schlangenhaut.

   _____

   _____

5. Brad Pitt und Angelina Jolie lächeln in die Kameras. Ihre sechs Kinder sind in den USA geblieben.

   _____

   _____

6. Schließlich fährt auch Woody Allen vor. Seine große Hornbrille ist sein Markenzeichen.

   _____

   _____

B7 Traumpartner

Ergänzen Sie die fehlenden Relativpronomen mit Präposition.

1. Ich wünsche mir einen Partner,
   - _von dem_ alle Frauen träumen.
   - _____ ich mich über alles unterhalten kann.
   - _____ mich auf Händen trägt.
   - _____ ich alle Wünsche erfüllt bekomme.
   - _____ ich mich jeden Tag freue.

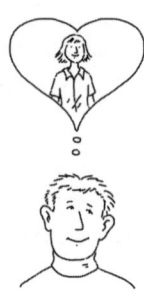

2. Ich wünsche mir eine Partnerin,
   - _____ ich über alles lachen kann.
   - _____ ich mich sofort verliebe.
   - _____ sich auch meine Freunde gut verstehen.
   - _____ auch Spaß an Sport und Reisen hat.
   - _____ viele Kinder kein Problem sind.

3. Und ich wünsche mir mit ihr dann Kinder,
   - _____ nicht zu anstrengend sind.
   - _____ man wandern und Rad fahren kann.
   - _____ ich gerne erzähle.
   - _____ ich mich verlassen kann.
   - _____ sich nicht so oft streiten.

B8 Das Buch, von dem du erzählt hast!

Verbinden Sie die beiden Sätze mit einem Relativpronomen.

1. Leih mir bitte das Buch. Du hast letzte Woche so begeistert von dem Buch erzählt.

   Leih mir bitte das Buch, von dem du letzte Woche so begeistert erzählt hast.

2. Morgen stelle ich dir unseren neuen Mitarbeiter vor. Du wirst ab nächster Woche mit ihm zusammenarbeiten.

   _____

   _____

3. Endlich hat sich Karl mit dem Mädchen verabredet. Er muss ständig an sie denken.

   _____

   _____

4. Bitte, Alexander, triff dich nicht mehr mit den Jungen! Du streitest sowieso immer nur mit ihnen.

   _____

   _____

5. Der Deutschkurs beginnt am 4. Mai. Chantal möchte daran teilnehmen.

   _____

   _____

6. Ich möchte Ihnen den Institutsleiter vorstellen. Sie dürfen sich gerne mit Fragen und Problemen an ihn wenden.

   _____

   _____

7. Das hier sind meine Freunde Jim und Joe. Ich habe dir schon viel von ihnen erzählt!

   _____

   _____

B9 **Viel Deutsches**

Ordnen Sie die passenden Satzteile einander zu und ergänzen Sie
die Relativpronomen *wo* oder *was*.

1. Berlin ist die Stadt,

2. Die Schweiz ist ein Land,

3. Über Deutschland habe
   ich vieles gelesen,

4. „Englischer Garten"
   heißt der Park in
   München,

5. In seiner Heimatstadt
   gibt es nichts,

6. Der Hafen ist bis jetzt
   leider alles,

7. Bier ist das,

8. Nordrhein-Westfalen
   ist das Bundesland,

9. Sanssouci heißt das
   Schloss in Potsdam,

10. Sie hat eine lange
    Reise durch Deutsch-
    land gemacht,

a) _____ mich interessiert.

b) _____ ihr sehr gut
   gefallen hat.

c) _____ ich von Hamburg
   gesehen habe.

d) _____ vier Sprachen
   gesprochen werden.

e) _____ es am meisten
   Industrie gibt.

f) _*wo*_ das deutsche
   Parlament regiert.

g) _____ er noch nicht
   gesehen hätte.

h) _____ die preußischen
   Könige gelebt haben.

i) _____ ich mich am
   besten erhole.

j) _____ Bayern in der Welt
   bekannt gemacht hat.

1.	2.	3.	4.	5.	6.	7.	8.	9.	10.
f)									

B10 **Erste Bekanntschaft**
Ergänzen Sie die Relativpronomen – ggf. mit Präposition.

1. Erzähl mir etwas aus deiner

   Kindheit, _____*was*_____ du

   erlebt hast.

2. Hast du eine beste Freundin,

   _____ du dich immer

   verlassen kannst?

3. Wie heißt das Land, _____ du am liebsten Urlaub machst?

4. Gibt es etwas, _____ du dich schrecklich ärgerst?

5. Erzähl mir, _____ du am liebsten am Wochenende machst.

6. Gibt es einen Menschen, _____ du ein Jahr auf einer einsamen Insel leben könntest?

7. Hast du Eltern oder Großeltern, _____ du dich kümmerst?

8. Erzähl mir etwas, _____ du Angst hast.

9. Gibt es etwas, _____ du dich nie gewöhnen könntest?

10. Gibt es etwas, _____ du immer lachen musst?

11. Gibt es ein Buch, _____ dich sehr beeindruckt hat?

12. Übrigens – du bist die schönste Frau, _____ ich jemals
    begegnet bin!

B11 Zurück aus dem Urlaub

Markieren Sie die richtige Konjunktion.

Liebe Erika,

seit gestern Abend sind wir wieder zu Hause. Und natürlich,
~~wenn~~/(als) (1.) wir über die Alpen fuhren, fing es an zu regnen –
willkommen daheim ...!

Wenn/Als (2.) du Urlaub hast, musst du auch in die Toskana
fahren! Wenn/Als (3.) wir in unserem Ferienhaus ankamen,
haben wir gleich Fahrräder gemietet und die Umgebung
erkundet. Es gibt so viel zu sehen! Wir haben immer Städte-
touren gemacht, wenn/als (4.) das Wetter nicht so gut war, und
wenn/als (5.) die Sonne schien, sind wir ans Meer gefahren.
Abends, wenn/als (6.) wir nach Hause kamen, haben wir erst
einmal ein Gläschen toskanischen Wein getrunken und dann
gekocht.

Stell dir vor: Wenn/Als (7.) wir einen Tag in Florenz verbracht
haben, hat Julius seinen Fotoapparat in einem Restaurant
vergessen. Er hat dort sofort angerufen, wenn/als (8.) er es
bemerkt hat, und der Apparat war tatsächlich noch da!
Normalerweise passiert ja immer etwas, wenn/als (9.) wir in
Urlaub fahren, aber dieses Mal hatten wir Glück!

So, liebe Erika, wenn/als (10.) ich jetzt alle Koffer ausgepackt
habe, besuche ich dich auf eine Tasse Tee und erzähle dir
alles genauer!

Bis bald!
Deine Karla

B12 ... und was hast du heute gemacht?

Verbinden Sie die einzelnen Stichpunkte vom Notizzettel zu ganzen
Sätzen.

Ulrich erzählt von einer Konferenz, die den ganzen Tag gedauert hat.
Dann fragt er Karin, was sie heute alles gemacht hat.

1. Tanja in die Schule gegangen → Küche aufgeräumt

   Nachdem *Tanja in die Schule gegangen war, habe ich die Küche aufgeräumt.*

2. Betten gemacht → Ida zum Kindergarten gebracht

   Bevor _____

   _____

3. eingekauft → Kontoauszüge von der Bank geholt

   Nachdem _____

   _____

4. Suppe gekocht und mit Omi telefoniert

   Während _____

   _____

5. Tanja heim gekommen → zusammen gegessen

   Nachdem _____

   _____

6. Mit Tanja Hausaufgaben gemacht → Ida abgeholt

   Bevor _____

   _____

7. am Spielplatz auf Ida aufgepasst und Vokabeln für Italienisch gelernt

   Während _____

   _____

   _____

8. nach Hause gekommen → im Garten Blumen gegossen

   Nachdem _____

   _____

9. Abendessen vorbereitet → mit den Kindern gegessen

   Nachdem _____

   _____

   _____

10. Ida ins Bett gebracht → mit Tanja Federball gespielt

    Bevor _____

    _____

    _____

B13 **Am Sonntag will mein Süßer mit mir segeln gehen!**
Ergänzen Sie die fehlenden temporalen Konjunktionen (*nachdem, bevor, seitdem, als, wenn, während, sobald*).

◆ Was machst du denn am Wochenende, ___*wenn*___ (1.) das Wetter schön ist?

● _____ (2.) es windig wird, gehe ich zum Segeln. Und du? Kommst du mit?

◆ Ich muss noch so viel für meine Prüfung lernen. _____ (3.) ich irgendetwas unternehmen kann, sollte ich wenigstens drei Stunden gelernt haben.

● Aber würdest du mitkommen, _____ (4.) du gelernt hast? Du könntest ja auch auf dem Schiff lernen, _____ (5.) wir segeln!

◆ Ach, ich weiß nicht ... _____ (6.) ich das letztes Jahr einmal versucht habe, konnte ich mich gar nicht konzentrieren. Eigentlich kann ich nur gut lernen, _____ (7.) ich an meinem Schreibtisch sitze.

● Schade ... Aber pass auf, ich habe einen guten Plan: Wir stehen früh auf, und _____ (8.) du dich an den Schreibtisch setzt, duschst du kalt. _____ (9.) du lernst, mache ich uns ein wunderbares Frühstück, und _____ (10.) du fertig bist, frühstücken wir und fahren dann zum Segeln. _____ (11.) wir einen super Segeltag hatten, kannst du am Abend noch mal lernen.

◆ Was täte ich nur ohne dich!
_____ (12.) wir zusammen sind, muss ich gar nicht mehr selber denken ...!

B14 **Militärdienst oder Zivildienst?**

Ergänzen Sie *weil* oder *obwohl*.

Ich glaube, ich möchte Militärdienst machen,

1. _*weil*_ ich gerne Sport mache.

2. _____ mein Vater auch

   beim Militär war.

3. _____ man beim Zivildienst

   etwas fürs Leben lernt.

4. _____ die Kameradschaft

   unter den jungen Männern

   sicher lustig ist.

5. _____ man manchmal ungerechten oder dummen Befehlen

   gehorchen muss.

6. _____ ich eigentlich Pazifist bin.

7. _____ meine Mutter so dagegen ist.

8. _____ ich einfach diese Erfahrung machen möchte.

9. _____ man in 6 Monaten sehr wenig lernen kann.

Oder soll ich lieber Zivildienst machen,

10. _____ ich eigentlich ziemlich ungeduldig bin?

11. _____ ich da eine Sanitäter-Ausbildung machen könnte?

12. _____ ich dann weiter zu Hause wohnen könnte?

B15 **Wie im richtigen Leben**

Verbinden Sie die folgenden Sätze mit den Konjunktionen *wenn*, *falls*, *weil* und *da*.

1. ◆ Mami, ich brauche die Küchenschere, __*weil*__ ich meine gerade nicht finde. Wo ist die denn?
   ● Sie müsste in der Küchenschublade liegen, aber _____ sie dort nicht ist, findest du sie neben dem Spülbecken.
   ◆ Ich finde sie nicht ...
   ● _____ du nicht richtig suchst! _____ du deine Augen aufmachst, siehst du sie auch!
   ◆ Mami – _____ du kommen und selbst schauen würdest, könntest du sie auch nicht finden!
   ● Und was ist dann das??
   ◆ Die Küchenschere ...

2. ◆ Papa, darf ich heute Abend zum Band-Contest? Ich muss hingehen, _____ meine Freunde da spielen!
   ● Aber die Schulaufgabe morgen? _____ du nicht ausgeschlafen bist, schreibst du keine gute Note!
   ◆ _____ die Lehrerin sowieso immer so leichte Schulaufgaben macht, ist das doch kein Problem. Bitte, Papa!
   ● Na gut. Aber _____ deine Freunde gewinnen, müssen sie dich auf eine Pizza einladen, für deine treue Unterstützung!

3. ◆ Friederike, es ist noch viel zu kalt, um mit Sandalen in die Schule zu gehen!
   ● Aber _____ später die Sonne scheint, werden mir die Turnschuhe zu warm!
   ◆ Ja, _____ ! Aber ich glaube es nicht, _____ die Wettervorhersage für heute Nachmittag nicht gut war. Du wirst krank, _____ du immer kalte Füße hast!
   ● Aber _____ die Sonne doch kommt, ziehe ich heute Nachmittag meine Sandalen an!
   ◆ Na gut, sehen wir mal.

B16 Die Milchmädchenrechnung

Ergänzen Sie die Konjunktionen *um ... zu, damit, sodass, so ... dass, ohne ... zu.*

Wenn man von einer „Milchmädchenrechnung" spricht, dann meint man eine Rechnung oder Planung, die auf einer Illusion beruht und nicht ernst zu nehmen ist.

Hier ist die Geschichte von Jean de la Fontaine:

Es war einmal ein Bauernmädchen, das einen großen Eimer Milch in die Stadt trug, *um* ihn dort auf dem Markt *zu* verkaufen (1.). Sie träumte davon, mit der Milch _____ viel Geld zu verdienen, _____ sie davon ein paar Hühner kaufen könnte (2.). Die Eier von den Hühnern würde sie sammeln, _____ sie einmal pro Woche auf dem Markt _____ verkaufen (3.). Das gesparte Geld würde sich schnell vermehren, _____ sie davon ein Schwein kaufen könnte (4.). Das Schwein würde sie gut füttern, _____ es dick und fett würde und sie es für viel Geld verkaufen könnte (5.). Sie würde damit _____ viel Geld verdienen, _____ es für den Kauf einer Kuh reichen würde (6.). Und diese Kuh würde täglich Milch geben, _____ sie bald reich wäre (7.).

Das Mädchen ging in Gedanken dahin, _____ auf den Weg _____ achten (8.).

Sie stolperte, und die ganze Milch floss aus dem Eimer ...

B17 **Wie haben die das geschafft?**

Ändern Sie die folgenden Sätze in einen Hauptsatz und einen Nebensatz mit *indem*.

1. Moritz hat das Abitur durch fleißiges Lernen geschafft.

   Moritz hat das Abitur geschafft, indem er
   fleißig gelernt hat.

2. Malte ist durch tägliches Training Schwimmweltmeister geworden.
   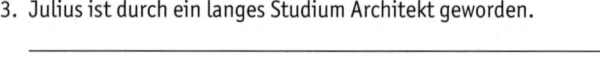
   _____

   _____

3. Julius ist durch ein langes Studium Architekt geworden.

   _____

   _____

4. Raffaela hat durch tägliches Üben einen Musikpreis gewonnen.

   _____

   _____

5. Vincent ist durch das Schreiben eines Bestsellers reich geworden.

   _____

   _____

6. Alexander hat durch geduldiges Experimentieren eine tolle Erfindung gemacht.

   _____

   _____

7. Tatjana hat durch das Sammeln von Unterschriften gegen die
   Umweltverschmutzung protestiert.

   _____

   _____

B18 **... um braun zu werden!**

Ergänzen Sie *um, ohne* oder *anstatt*.

Margit legt sich im Garten in die Sonne,

1. ___*um*___ braun zu werden.

2. _____ am Schreibtisch zu arbeiten.

3. _____ sich einzucremen.

4. _____ sich auszuruhen.

5. _____ das Abendessen vorzubereiten.

Jörg geht schon um 21 Uhr ins Bett und schläft,

6. _____ die Nachrichten anzuschauen.

7. _____ morgen gut ausgeschlafen zu sein.

8. _____ seine Zähne zu putzen.

Melanie flüstert im Deutschkurs mit ihrer Nachbarin,

9. _____ ihr von der letzten Verabredung mit Silvio zu erzählen.

10. _____ auf ihre Lehrerin zu achten.

11. _____ aufzupassen.

12. _____ nicht vor lauter Langeweile einzuschlafen.

Brigitta lernt den ganzen Tag,

13. _____ Pausen zu machen.

14. _____ morgen den Test zu bestehen.

15. _____ mit ihren Freunden ins Schwimmbad zu gehen.

B19 Verschiedene Ziele und Pläne

Verbinden Sie die beiden Hauptsätze zu einem Haupt- und Nebensatz und benützen Sie *damit* oder *um … zu*.

Georg spart sein ganzes Geld.

1. Seine Kinder sollen einmal studieren können.
   Georg spart sein ganzes Geld, damit seine Kinder einmal studieren können.

2. Er will sich einen Porsche kaufen.
   _____
   _____

3. Er möchte mit seiner Frau in zwei Jahren eine Weltreise machen.
   _____
   _____

4. Sein Haus soll in zehn Jahren renoviert werden.
   _____
   _____

Sebastian baut einen Zaun um seinen Garten.

5. Von der Straße soll man nicht hineinschauen können.
   _____
   _____

6. Er möchte seine Ruhe haben.
   _____
   _____

7. Er soll den Blumen ein bisschen Schatten geben.

_____

_____

8. Er möchte eine Grenze zum Nachbargarten ziehen.

_____

_____

Thomas kauft sich einen roten Ferrari.

9. Sein Chef soll ihn beneiden.

_____

_____

10. Er möchte die Frauen beeindrucken.

_____

_____

11. Er möchte sich einen Kindheitstraum erfüllen.

_____

_____

12. Er möchte nicht immer nur Porsche fahren.

_____

_____

B20 So laut, dass man nichts versteht!

Bilden Sie Sätze mit der richtigen Konjunktion *so … dass* oder *sodass*. Setzen Sie auch das Verb in die richtige Form.

1. es / laut / am Bahnhof / sein – man / die Durchsagen / nicht verstehen: *Es ist so laut am Bahnhof, dass man die Durchsagen nicht versteht.*

2. Laura / die ganze Nacht / tanzen (*Perfekt*) – ihr / die Füße / am Morgen / wehtun: _____

3. am ersten Ferientag / der Verkehr / stark / sein – es / viele Staus / in Richtung Süden / geben: _____

4. der Mathematikunterricht / langweilig / sein (*Präteritum*) – Leoni einschlafen (*Perfekt*):
   _____
   _____
   _____

5. es / wochenlang / regnen (*Perfekt*) – die Flüsse / Hochwasser / haben: _____

6. die Satiresendung / lustig / sein (*Präteritum*) – ich / Tränen / lachen (*Perfekt*): _____

7. im letzten Winter / wochenlang / Minusgrade / herrschen (*Präteritum*) – die Heizkosten / sehr hoch / sein (*Präteritum*):
   _____
   _____

B21 Befürchtet, erwartet oder erhofft

Verbinden Sie die passenden Satzteile mit *wie* oder *als*.

1. Die Fußballmannschaft spielte besser,

2. Das Ergebnis der Prüfung war so schlecht,

3. Der Bau der Autobahn dauerte länger,

4. Die Folgen des Klimawandels sind schlimmer,

5. Die Karten fürs Konzert sind so schnell verkauft worden,

6. Jakobs neue Freundin ist wirklich so hübsch,

7. Das Restaurant, das du mir empfohlen hast, finde ich nicht so gut,

8. Das Sturmtief dauert länger,

9. Der Zoobesuch hat meinen Kindern mehr Spaß gemacht,

10. Ich kann für das Auto nur so viel bezahlen,

a) _____ der Lehrer befürchtet hatte.

b) _____ die Wissenschaftler berechnet hatten.

c) _____ immer alle gesagt haben!

d) _____ geplant war.

e) _____ die Wettervorhersage es angekündigt hatte.

f) _____ ich dafür gespart habe.

g) _als_ ihr Trainer erwartet hatte.

h) _____ sie geglaubt hatten.

i) _____ du gesagt hattest.

j) _____ die Agentur gehofft hatte.

1.	2.	3.	4.	5.	6.	7.	8.	9.	10.
g)									

B

B22 Lehrer Müllers „Weisheiten"
Bilden Sie Sätze mit *je – desto*.

Der Lehrer Müller – Spitzname „Sokra-
tes" – hält sich für unglaublich weise
und stellt über alle möglichen Dinge
Regeln auf:

1. die Schüler / lang schlafen / am Wochenende – schlecht / in der
   Schule / sein
   Je länger die Schüler am Wochenende schlafen, desto
   schlechter sind sie in der Schule.

2. groß / das Interesse / an Latein / sein – man / viel Geld / später /
   in seinem Beruf / verdienen
   _____
   _____

3. Kinder / viel Sport / machen – groß / werden
   _____
   _____

4. man / viel Hausaufgaben / machen – klug / werden
   _____
   _____

5. Kinder / viel / von der Tafel / abschreiben – gut / die Rechtschreibung / lernen
   _____
   _____

6. ein Junge / kurze Haare / haben – gut denken / können
   _____
   _____

7. die Schüler / wenig sprechen – gut lernen
   _____
   _____

B23 Du oder Sie?

Markieren Sie die richtige Konjunktion.

Manchmal ist es schwierig zu entscheiden, ~~dass~~/(ob) (1.) man jemanden
mit „Sie" oder mit „du" anreden soll, obwohl/weil (2.) es Regeln gibt:
Wenn/Als (3.) eine Dame einem Herrn oder eine ältere Person einer
jüngeren das „du" anbietet, ist alles geklärt. Aber oft kommt man in
ein Gespräch, ohne/anstatt (4.) die Situation grundsätzlich klären
zu können.

Dann vermeiden viele lieber eine direkte Anrede, anstatt/um (5.) ihren
Gesprächspartner nicht zu beleidigen. Ob/Wenn (6.) man siezt, könnte
der Angesprochene denken: „Sehe ich so alt aus?", sobald/falls (7.) er
lieber geduzt würde. Und ob/wenn (8.) man duzt, könnte er denken:
„Habe ich das erlaubt?!?"

Trotzdem beginnen die meisten Erwachsenen neue Kontakte mit der
Anrede „Sie", wenn/damit (9.) es keine Probleme gibt. Falls/Obwohl (10.)
beide später das „du" wünschen, können sie es ja besprechen.

Wirklich einfach ist es, während/bevor (11.) man eine Schule oder Universität besucht. Da/Obwohl (12.) hier nur Gleichaltrige sind, sagen
natürlich alle „du" zueinander.

B24 Ich habe noch Hunger!

Ergänzen Sie die Konjunktionen aus dem Kasten.

1. Ich habe noch Hunger, _obwohl_ ich gerade eine Riesenportion Spaghetti gegessen habe.
2. Franz kocht das Abendessen, _____ Fritz die Zeitung liest.
3. Ich war das letzte Mal in Paris, _____ ich dort Claire besuchte.
4. Der Vogel blickte um sich, _____ er auf dem Dach gelandet war.
5. Das Buch war _____ gut, _____ ich nicht mehr aufhören konnte zu lesen.
6. Ich kann heute leider nicht mit euch ins Kino gehen, _____ ich noch arbeiten muss.
7. Der Gärtner hat die Rosen mit Zweigen bedeckt, _____ sie im Winter nicht erfrieren.
8. _____ Jonny eine Flasche Whiskey getrunken hatte, konnte er nicht mehr klar sprechen.
9. _____ er sich in sie verliebte, hatte sie einen roten Hut getragen.
10. Ich möchte gern mitfahren, _____ du wieder nach Rom fährst.
11. _____ Charlie Chaplin ein großer Künstler war, wurde sein 100. Geburtstag groß gefeiert.
12. Ich warte, _____ du mit deiner Arbeit fertig bist, und dann gehen wir spazieren.

> nachdem • bis • damit • als • ~~obwohl~~ • so ... dass
> da • als • wenn • während • nachdem • weil

B25 **Sind Sie abergläubisch?**

Ergänzen Sie die richtigen Konjunktionen aus dem Kasten.

Für ihre Schülerzeitung haben Jens und Dörte zum Thema „Aberglau-
ben" eine Umfrage in der Schülerzeitung organisiert. Hier sind ein
paar Antworten der Passanten auf die Frage, ob sie abergläubisch
sind:

1. Nein, eigentlich nicht. Aber in meinem Geldbeutel trage ich doch
   immer einen Glückscent, *damit* mir das Geld nicht ausgeht!
   _____ es doch stimmt, bin ich auf der sicheren Seite!

2. Oh ja, leider! Ich denke, man könnte leichter leben,
   _____ man nicht abergläubisch wäre. Aber ich vermei-
   de schwarze Katzen und die Zahl 13, _____ kein Pech
   _____ haben. Außerdem schenke ich meinen Freunden
   oft Glücksbringer, _____ sie viel Glück haben.

3. Früher war ich es nicht. Aber _____ ich einen größeren Lotto-
   gewinn hatte, _____ ich ein vierblättriges Kleeblatt gefunden
   hatte, bin ich doch ein bisschen abergläubisch geworden.

4. So ein Blödsinn! Leute sind nur abergläubisch, _____ für ihr
   Handeln nicht selbst verantwortlich _____ sein!

5. Eigentlich nicht. Aber _____ meine Kinder eine Schulaufgabe
   schreiben, wünsche ich ihnen „Viel Glück!", _____ sie in die
   Schule gehen. Und dann schaue ich auf die Uhr, denn _____ sie
   schreiben, drücke ich ihnen die Daumen und denke fest an sie …

6. Nicht mehr, _____ ich einen Spiegel zerbrochen habe. Man sagt
   ja, _____ ein Spiegel zerbricht, hat man sieben Jahre lang Pech.
   Da habe ich beschlossen, _____ jetzt depressiv _____ werden, glaube ich lieber nicht mehr an so was!

> um … zu • damit • anstatt … zu • nachdem • falls
> während • seitdem • wenn • wenn • um … zu
> bevor • seitdem • ~~damit~~ • wenn

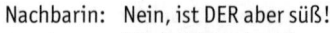

C. Nomen

C1 Ein Neugeborenes

Ändern Sie die präpositionale Ergänzung mit *von* in eine Genitivergänzung.

Nachbarin:	Nein, ist DER aber süß! Wie heißt er denn?
Mutter:	Balthasar August Eberhard. Das sind die Namen von seinen Großvätern (1.). *Das sind die Namen seiner Großväter.*
Nachbarin:	Ach …! Sieht er ihnen denn ähnlich?
Mutter:	Ich glaube ja, er hat die Nase von seinem Großvater Balthasar (2.).
	_____
Nachbarin:	Aber er hat doch die Nase vom Vater (3.)!
	_____
Vater:	Ja, ich habe ja auch die Nase von meinem Vater (4.)!
	_____
Nachbarin:	Aber der Mund ist ganz sicher der von seiner Groß- mutter (5.).
	_____
	Gerade gestern habe ich sie getroffen.
Mutter:	Finden Sie?
Nachbarin:	Ja, und die Haarfarbe – auch die von der Großmutter (6.)!
	_____
Mutter:	Tja, vielleicht …
Nachbarin:	Und das ist der Bruder? Nein, so eine Ähnlichkeit! Das sind doch tatsächlich die Augen von seinem Brüderchen (7.)!
	_____
Mutter:	Sieht man auch irgendwie, dass es MEIN Kind ist?
Nachbarin:	Ja, das runde Gesicht! Das ist doch wirklich wie das von der Mutter (8.)!
	_____
Mutter:	Auf Wiedersehen, wir müssen jetzt dringend einkaufen gehen!!

C2 Ende des Monats

Ergänzen Sie in der richtigen Form, wo es nötig ist.

1. Ende _des_ (der) Monat_s_ bekomme ich mein Gehalt. Einen Teil davon überweise ich auf das Konto _____ (mein) Sohn__, der gerade in Berlin studiert.

2. Der Erfolg _____ (ihr) Buch__ „Harry Potter" hat J. K. Rowling weltberühmt gemacht.

3. Die Farbe _____ (das) Kleid__ gefiel ihr, allerdings fand sie die Qualität _____ (der) Stoff__ schlecht.

4. ◆ Wer ist das?
   ● Das ist der Besitzer _____ (unser) Haus__.

5. Die Eltern _____ (die) Kinder__ ___ (die) Klasse__ 5a kamen zusammen, um über Herrn Müller__ Vorschlag abzustimmen.

6. Ende _____ (dieses) Jahr__ mache ich mit meinem Mann eine Reise nach Südafrika.

7. Erzähl mir doch mal die Handlung _____ (der) Film__, dann weiß ich, ob ich ihn anschauen möchte!

8. ◆ Gestern habe ich Moritz__ Freundin kennengelernt.
   ● Und – wie findest du sie?

9. ◆ Birgit__ Schwester kommt heute Abend auch mit ins Kino.
   ● Muss das sein?

10. Der Besitzer _____ (der) Wagen__ M-KJ-3456 möchte bitte zum Ausgang kommen! Sie haben die Ausfahrt _____ (die) Garage__ blockiert!

11. ◆ Hast du Frau Wagner__ neues Cabrio gesehen? Richtig schick!
    ● Ja, die hat die Erbschaft _____ (ihr) Mann__ schnell ausgegeben!

C3 **Frisch verliebt**

Ergänzen Sie die Endungen, wenn nötig.

◆ Stella, ich habe mich verliebt!
Ich habe im Urlaub einen so netten
Franzose*n* (1.) kennengelernt,
einen Biologe__ (2.)!

● Stell dir vor, ich auch! Ich habe
mich in einen Italiener__ (3.) verliebt, einen Kollege__ (4.) in meiner
Firma. Er heißt Umberto Tiziano
Adriano.

◆ Ui! So einen langen Name__ (5.)
habe ich noch nie gehört!

● Ja, aber er wird Uta genannt – man spricht nur immer den ersten
Buchstabe__ (6.) von seinen Namen.

◆ Und was ist mit dem Polizist__ (7.), mit dem du letzte Woche verabredet warst?

● Ach, der war langweilig. Der hat den ganzen Abend__ (8.) nur davon erzählt, wie er sich mit einem Demonstrant__ (9.) gestritten
hat. Du weißt schon, die Demonstration letzte Woche am Denkmal
des Friede__ (10.). Aber was ist jetzt mit deinem Franzose__ (11.)?

◆ Ach du, ich kann keinen klaren Gedanke__ (12.) mehr fassen,
ständig muss ich an Jean denken! Hätte ich mich doch in einen
Deutsche__ (13.) verliebt, der wäre wenigstens in der Nähe__ (14.)!
Ich muss mal dem Direktor__ (15.) unserer Niederlassung in Paris
schreiben, vielleicht brauchen die ja eine Praktikantin!

D1 **Den gelben oder den blauen?**

Ergänzen Sie die Adjektivendungen, wo es nötig ist.

1. ◆ Soll ich den gelb*en* oder den blau__ Stoff für mein neu__ Kleid nehmen?
   ● Das ist egal, beide sind schön__. Aber vielleicht steht dir der gelb__ ein bisschen besser!

2. ◆ Heute ist so ein kühl__ Abend. Schade, ich hatte gedacht, es wäre warm__ genug zum Grillen.
   ● Nein, es ist so ein kalt__ Wind. Lass uns das Grillen aufs Wochenende verschieben, da soll es richtig__ heiß__ werden!

3. ◆ Ich habe gerade kein spannend__ Buch zum Lesen. Hast du ein paar gut__ Tipps für mich?
   ● Sicher, ich habe in letzter Zeit viel__ toll__ Bücher gelesen.

4. ◆ Ach, ich liebe Verdi-Oper – sind die nicht einfach__ fantastisch__?
   ● Na, ich weiß nicht ... Die bunt__ Kostüme gefallen mir ja ganz gut__, aber die singen alle so laut__. Und am Schluss ist mindestens einer tot__!
   ◆ Du bist ein schrecklich__ Ignorant!!

5. ◆ Was gibt es heute zum Essen?
   ● Japanisch__ Reis mit gebraten__ Fisch, dazu grün__ Salat und als Nachspeise frisch__ Obst.
   ◆ Mmm, das klingt ja fantastisch__!

6. ◆ Nein, diesen schmutzig__ Pullover kannst du wirklich nicht mehr anziehen!
   ● Wieso? Ich trage ihn erst den zweite__ Tag!
   ◆ Aber das ist ein seltsam__ Eindruck, wenn du zu einer schön__ Einladung so lässig__ gekleidet__ kommst!
   ● Na gut, dann mache ich mich eben hübsch__ und elegant__!

D2 **Wissenswertes über Extreme**

Ergänzen Sie die Adjektive in der richtigen Form im Komparativ und
Superlativ.

1. ◆ Kennst du einen __*höheren*__ (hoch) Baum als den General
   Sherman Tree?
   ● Nein, der ist mit 84 Metern der _____ (hoch) Baum der
   Welt.

2. ◆ Kennst du ein _____ (lang) Schiff als die Knock Nevis?
   ● Nein, die ist mit 460 Metern das _____ (lang).

3. ◆ Kennst du ein _____ (schwer) Tier
   als den Elefanten?
   ● Ja, den Blauwal – aber der Elefant ist mit
   7 Tonnen das _____ (schwer) Landtier.

4. ◆ Kennst du eine _____ (schnell)
   Raubkatze als den Gepard?
   ● Nein, der ist mit 105 km/h überhaupt das
   _____ (schnell) Landtier der Erde.

5. ◆ Gibt es ein Landtier, das _____ (weit) wandert als das
   Karibu?
   ● Nein, mit 6 000 km legt das Karibu den _____ (weit) Weg
   zurück.

6. ◆ Gibt es ein Tier, das _____ (alt)
   wird als die Schildkröte?
   ● Nein, mit im Durchschnitt 150 Jahren
   ist die Galapagos-Riesenschildkröte
   das Tier mit der _____ (hoch)
   Lebenserwartung.

D3 Wusstest du schon …?

Komparativ oder Superlativ? Ergänzen Sie die Adjektive in der
richtigen Form.

Wusstest du schon, …

1. …, dass es für die _meisten_ (viel) Kinder keine _____
   (langweilig) Beschäftigung als einen Spaziergang gibt?

2. …, dass es für viele Menschen die _____ (schwer) Ent-
   scheidung ihres Lebens ist zu kündigen und die viel _____
   (unsicher) Situation eines Selbständigen zu wählen?

3. …, dass die Autos von heute einen deutlich _____
   (geringer) Benzinverbrauch als die _____ (alt) haben?

4. …, dass _____ (teuer) Produkte nicht immer _____
   (gut) Qualität als andere haben und man oft nur _____
   (viel) für die Markennamen bezahlt?

5. …, dass viele Frauen auch heute noch ein _____
   (niedrig) Einkommen als Männer in denselben Berufen und
   Positionen haben?

6. …, dass die _____ (häufig) Nachnamen in Deutschland
   „Müller" und „Schmid" sind?

7. …, dass nur 1% der Weltbevölkerung ein _____ (hoch)
   Einkommen als 45 000 Euro im Jahr hat?

8. …, dass man mit _____ (groß) Wahrscheinlichkeit von
   einer Kokosnuss erschlagen als von einem Hai angegriffen wird?

D

D4 Selbst erlebte Geschichten

Formen Sie den Relativsatz zu einem Partizip Präsens oder Perfekt um und ergänzen Sie die Partizipien in der richtigen Form.

1. Mein Großvater kann einen stundenlang mit seinen Geschichten unterhalten, die er selbst erlebt hat.
   Mein Großvater kann einen stundenlang *mit seinen selbst erlebten Geschichten unterhalten.*

2. Helga trägt nur Kleider, die sie selbst genäht hat.
   Helga trägt nur _____

3. Ich esse am liebsten warmen Apfelkuchen, der noch dampft.
   Ich esse am liebsten warmen _____
   _____

4. Der alte Herr verkauft seine Briefmarken, die er über lange Jahre gesammelt hat.
   Der alte Herr verkauft seine _____
   _____

5. Der Vater trägt seinen Sohn, der schläft, ins Bett.
   Der Vater trägt seinen _____
   _____

6. Die Bankräuber waren mit einem Auto, das sie gestohlen hatten, auf der Flucht.
   Die Bankräuber waren _____
   _____

7. Heute Abend essen wir in einem Restaurant, das uns von Freunden empfohlen wurde.
   Heute Abend essen wir _____
   _____

D5 **Ein Reisender**

Bilden Sie Nomen und ergänzen Sie in der richtigen Form.

1. Ein Mann, der reist, ist ein _Reisender._

2. Eine Frau von deutscher Nationalität ist eine _____.

3. Leute, die in einer Firma angestellt sind, sind die _____

   dieser Firma.

4. Ein Mädchen mit blonden Haaren ist eine _____.

5. Ein Mann, den niemand kennt, ist ein _____.

6. Wenn man in einer Stadt fremd ist, ist man ein _____.

7. Personen, die mit mir verwandt sind, sind meine _____.

8. Wenn einer zu viel getrunken hat, ist er ein _____.

9. Leute, die bei einem Unglück verletzt wurden, sind

   _____.

10. Ein Mann, der gefangen genommen wurde, ist ein _____.

11. Junge Leute in jugendlichem Alter sind _____.

12. Wenn ich Leute nur kenne, aber nicht mit ihnen befreundet bin,

    sind das meine _____.

13. Ein Mensch, der gestorben ist, ist ein _____.

14. Einer, der seine Arbeit verloren hat, ist ein _____.

15. Ein Mann und eine Frau, die sich verliebt haben, sind

    _____.

D6 **Die vier Jahreszeiten**

Attributives Adjektiv, Komparativ, Superlativ, Partizip oder nomina-
lisiertes Partizip? Ergänzen Sie in der richtigen Form.

Der Frühling ist eine *wunderbare*
(1. wunderbar) Jahreszeit. Überall
_____ (2. blühen, Part. Präs.)
Frühlingsblumen, _____ (3. duf-
ten, Part. Präs.) Bäume und _____
(4. frisch) Grün an den Bäumen – kaum
eine Jahreszeit gibt einem _____
(5. viel) Lebensfreude als der Frühling.
Nicht umsonst beschließen _____
(6. verlieben) oft, im Mai zu heiraten. Das
_____ (7. gut, Superl.) aber ist,
dass noch ein _____ (8. lang) Sommer vor einem liegt!

Der Sommer bringt _____
(9. heiß) Tage, die zum Schwimmen in
_____ (10. kühl) Seen einladen.
Auch die Nächte sind _____
(11. warm, Komparativ) und viele
_____ (12. deutsch) verbringen
gern ihre Abende in _____
(13. gemütlich) Biergärten oder Straßen-
cafés. _____ (14. sicher) Wetter
gibt es allerdings nicht, und so unternehmen viele das, was sie ___
_____ (15. gern, Superlativ)
machen: In Urlaub fahren. Deutschland
ist ein Land von _____
(16. reisen)!

Der Herbst mit seinen bunt
_____ (17. färben,
Part. Perf.) Blättern kann noch
_____ (18. mild) oder auch
_____ (19. stürmisch)
Wetter bringen. Beim Wandern kann
man sehen, dass die Natur ein letztes
Mal ihr _____ (20. schön,
Superlativ) Kleid trägt, bevor der
Winter kommt.

Der Winter lässt einen sein _____
(21. gemütlich) Zuhause genießen, wenn
es draußen regnet oder schneit, ein
_____ (22. bitterkalt)
Wind weht und die _____
(23. niedrig, Superlativ) Temperaturen im
_____ (24. ganz) Jahr herrschen.
Glücklich, wer eine _____
(25. gut) Tasse Tee und vielleicht
sogar einen _____
(26. wärmen, Part. Präs.) Kamin hat!
Aber es gibt sie auch, die _____
(27. sonnig) Tage, an denen man auf
_____ (28. ausdehnen,
Part. Perf.) Spaziergängen die
_____ (29. verschneien,
Part. Perf.) Landschaft genießen kann.

E1 **Außerhalb unserer Geschäftszeiten**

Markieren Sie die richtige Präposition und ergänzen Sie die fehlenden Endungen.

1. Leider rufen Sie ~~während~~/(außerhalb) unser__ Geschäftszeiten an. Diese sind Montag bis Freitag von 8 Uhr bis 12 Uhr. Auf Wiederhören.

2. Innerhalb/Während d__ Gottesdienst__ ist das Fotografieren verboten.

3. Das Projekt sollte innerhalb/während ein__ Jahr__ abgeschlossen sein.

4. Außerhalb/Innerhalb d__ Unterrichtszeit dürfen die Schüler ihre Handys anmachen.

5. Innerhalb/Während ein__ Konzert_ sollte man nicht essen, was man während/außerhalb ein__ Kinovorstellung ruhig tun darf.

6. Kredite müssen außerhalb/innerhalb ein__ bestimmten Frist zurückgezahlt werden.

7. Während/Außerhalb d__ Öffnungszeiten d__ Theaterkasse kann man keine Karten reservieren.

8. Bei manchen Lehrern dürfen die Schüler innerhalb/während d__ Unterricht_ keinen Kaugummi kauen.

9. Ein Landarzt muss auch außerhalb/während sein__ Sprechzeiten für seine Patienten erreichbar sein, besonders auch innerhalb/während d__ Wochenend__.

E2 **Trotz des starken Regens**

Formen Sie die Nebensätze in präpositionale Ergänzungen mit *wegen* oder *trotz* um.

1. Das Fußballspiel findet statt, obwohl starker Regen fällt.
   Das Fußballspiel findet *trotz des starken Regens statt.*

2. Frau Huber geht ins Büro, obwohl sie eine schwere Erkältung hat.
   Frau Huber geht _____

   _____

3. Rüdiger hat das Flugzeug verpasst, weil sein Zug Verspätung hatte.
   Rüdiger hat _____

   _____

4. Das Konzert musste abgesagt werden, weil die Nachfrage zu gering war.
   Das Konzert musste _____

   _____

5. Der Torwart kann nicht an der Weltmeisterschaft teilnehmen, weil er eine Verletzung am Knie hat.
   Der Torwart kann _____

   _____

6. Die Fahrradtour wurde nicht abgesagt, obwohl ein heftiges Gewitter niederging.
   Die Fahrradtour wurde _____

   _____

7. Linda las den spannenden Roman fertig, obwohl sie Kopfschmerzen hatte.
   Linda las den spannenden Roman _____

   _____

E3 **Der Weg zum Picknickplatz**
Ergänzen Sie die Präpositionen
aus dem Kasten.

Für Sonntagnachmittag hat
Elfriede ein großes Picknick
mit Freunden organisiert,
doch ihre beste Freundin kann nicht mit allen zusammen fahren. Sie
kommt etwas später nach, kennt aber den Weg zu der Wiese nicht, auf
der das Picknick stattfinden soll.
Elfriede beschreibt den Weg:

1. Du fährst mit deinem Fahrrad etwa zwei Kilometer den Fluss
   entlang.

2. Dann, dem Gasthaus „Brückenfischer" _____, führt ein kleiner Feldweg _____ den Wald hinein.

3. Dem folgst du eine ganze Weile. Noch _____ des Waldes, kurz
   _____ dem Ende, kommst du _____ einer Kreuzung und
   fährst _____ links.

4. Diesen Weg _____ fließt ein kleiner Bach.

5. Nach 200 Metern kommst du _____ ein Tor, das in eine große
   Schafweide hineinführt. Du darfst mit dem Fahrrad _____
   diese Schafweide fahren.

6. Sobald du dich wieder _____ dieser Schafweide befindest –
   aber bitte, schließe die Tore gut, sonst haben wir kein Picknick
   mehr! – siehst du einem alten, großen Baum _____ eine
   Wiese.

7. Und wenn du richtig gefahren bist, findest du uns _____
   dieser Wiese!

---

auf • innerhalb • ~~entlang~~ • gegenüber • in • durch
gegenüber • an • außerhalb • vor • nach • entlang • zu

E4 **Ein Ferienhaus in der Toskana**

Welche Präposition aus dem Kasten passt? Ergänzen Sie auch die
fehlenden Endungen.

> innerhalb von • wegen • ab • ~~inmitten~~ • bis zum
> entlang • während • um • außerhalb • trotz
> gegenüber • an/zu • für • von

Ferienhaus in der Toskana zu vermieten!

Ein malerisches Ferienhaus erwartet sie, _inmitten_ d_er_ (1.) traum-
haften Landschaft der Toskana gelegen. Es liegt etwas _____
ein__ (2.) alten italienischen Kleinstadt, doch alle wichtigen Geschäfte
sind schnell zu erreichen. _____ d__ (3.) Stadt herum finden sie
duftende Pinienwälder. D__ Haus _____ (4.) fließt ein schmaler
Bach. Wenn sie dies__ Bach _____ (5.) wandern, gelangen Sie
_____ ein__ (6.) einsamen Strand. _____ Ihr__ (7.) Haus
_____ (8.) Meer gehen Sie etwa eine halbe Stunde.
Aber auch alle interessanten Kulturschätze der Toskana erreichen Sie
_____ (9.) zwei Autostunden.
Für näher gelegene Ziele können Sie _____ ihr__ Urlaub_ (10.)
gerne die hauseigenen Fahrräder benutzen.
_____ d__ (11.) gemäßigten Mietpreises bietet das Haus allen
Komfort. Sogar einen Kamin finden Sie im Wohnraum, was
_____ manch__ noch kühl__ (12.) Abende im Frühjahr sehr ange-
nehm sein kann.
_____ d__ (13.) letzten Aprilwoche kann das Haus gemietet werden, jeweils mindestens _____ (14.) zwei Wochen.

Wir freuen uns auf Sie!

F1 **Einkaufs-Tortur**

Ergänzen Sie die Antwort des Mannes mit dem richtigen indefiniten Pronomen.

Das sieht man oft: Eine Frau ist mit ihrem Mann beim Einkaufen. Die Frau ist interessiert bei der Sache, sieht sich alles kritisch an und wählt. Der Mann ist eher gelangweilt und ein bisschen genervt ...

1. Welche Schuhe soll ich nehmen – die weißen oder die schwarzen?

   Ich weiß auch nicht – nimm doch irgend*welche*!

2. Welchen Pullover soll ich nehmen – den aus Baumwolle oder den aus Wolle?

   Ich weiß auch nicht – nimm doch irgend_____!

3. Welches T-Shirt soll ich nehmen – das mit den Blumen oder das mit den Herzchen?

   Ich weiß auch nicht – nimm doch irgend_____!

4. Welche Hose steht mir besser – die Jeans oder die Cordhose?

   Sind beide gut – nimm einfach irgend_____!

5. Welchen Anzug nehmen wir für dich – den gestreiften oder den karierten?

   Ist doch egal – nehmen wir einfach irgend_____!

6. Und welche Krawatte passt besser dazu?

   Ich weiß auch nicht – irgend_____ passt schon.

7. Was für Socken brauchst du – dunkelblaue oder dunkelbraune?

   Keine Ahnung – nehmen wir einfach irgend_____!

8. Und mit was für Schuhen möchtest du zur Konferenz gehen?

   Ich weiß auch nicht – ich gehe einfach mit irgend_____!

9. Sollen wir einen neuen Mantel für dich kaufen oder passt dir noch der alte?

   Irgend_____ passt mir schon noch!

10. Oh, schau mal, so ein schönes Tuch! Da möchte ich mir ein hübsches mitnehmen!

    Ja, dann nimm halt irgend_____ ...

F2 **Nicht ganz eindeutig!**
Ergänzen Sie die indefiniten Pronomen.

1. ◆ Mir ist so kalt! Hast du einen warmen Pulli, den du mir leihen
     könntest?
   ● Gern! Was für einen möchtest du?
   ◆ Ach, einfach *irgendeinen* .

2. ◆ Gibst du mir mal ein Sandwich rüber?
   ● Mit Schinken oder mit Käse?
   ◆ Ganz egal, _____!

3. ◆ Warten Sie schon lange auf den Bus?
   ● Ja, aber heute ist auch Sonntag, da fahren die Busse seltener.
     Aber _____ wird schon kommen!

4. ◆ Guten Tag! Sie wünschen?
   ● Guten Tag. Ich brauche Blumen – morgen ist doch Muttertag!
   ◆ Gern! Möchten Sie einen Frühlingsblumenstrauß, oder lieber
     Rosen oder ...
   ● Keine Ahnung! Geben Sie mir einfach _____, Sie
     machen das schon!

5. ◆ Darf ich eine von deinen fünf jungen Katzen haben?
   ● Oh ja, das wäre wunderbar – ich weiß gar nicht, wie ich sie
     unterbringen soll! Welche möchtest du denn?
   ◆ Ich weiß nicht, die sind alle so süß! Gib mir einfach
     _____!

6. ◆ Bitte, kann ich Ihnen helfen?
   ● Ja, gern. Ich hätte gern Joggingschuhe.
   ◆ Hier, in diesem Regal – hier finden Sie Schuhe zwischen
     120 und 290 Euro!
   ● Oh, so teuer! Ich möchte einfach _____, die ganz
     gut zum Laufen sind!

F

F3 Es regnet!

Verbinden Sie die Sätze mit dem *es* in der Mitte, wo es fehlt.

1. Heute regnet _es_ schon den ganzen Tag.

2. Mir ist __ kalt, bitte schließe das Fenster!

12. Ich hoffe, dir geht __ gut!

3. Spürst du die kalte Luft? __ wird Winter ...

11. Romeo, __ wird schon hell!

4. Karl, geh ins Bett, __ ist schon spät!

es

10. Schnell, ich habe __ eilig!

5. Ich weiß __ nicht, wer das ist.

9. In der Altstadt wird __ ein neues Museum eröffnet.

6. Hierbei handelt __ sich um ein Versehen.

8. __ werden jedes Jahr neue Hotels gebaut.

7. __ kamen über 2 000 Leute zur Demonstration.

F4 **Ist es wirklich verboten?**

Bilden Sie Sätze und verwenden Sie *es*, wo es notwendig ist. Setzen Sie auch die Verben in die richtige Form.

1. verboten / im Museum / sein / , / zu fotografieren / .
   Es ist verboten, im Museum zu fotografieren.

2. gehört haben / du / , / an der Tür / geklingelt haben / ob / ?

3. schön / in Deutschland / ? / du / finden

4. das Schulhaus / in den Ferien / . / renoviert werden

5. möglich / ? / sein / , / in München / zu finden / ein billiges Hotel

6. schmecken / ? / dir / wirklich

7. zur Konferenz / 250 Teilnehmer / erwartet werden / .

8. man / im Mai / fühlen / können / , / bald / werden / . / Sommer / dass

9. in den Bergen / . / geschneit haben / die ganze letzte Woche

10. mir / , / gefallen / sich interessieren / für Musik / so sehr / . / du / dass

A. Verben

A1 1. gab 2. grüßten 3. standen auf; kam; boten an 4. lebten; waren 5. schrieben 6. gingen; sahen 7. fuhren; gingen 8. trugen 9. halfen 10. gefielen

> **Zur Erinnerung:**
> Im Präteritum haben die erste und die dritte Person Singular immer dieselbe Endung.

A2 1. musstest 2. musste 3. war 4. hattest 5. durfte 6. war 7. musste 8. wollte 9. hatte 10. Durftest 11. musste 12. war 13. kam 14. sagte 15. wolltest 16. wollte 17. waren 18. konnte 19. meinte 20. sollte 21. konntest 22. ging 23. studierte 24. gab

A3 **i→a:** fand, sprang, sang, gelang
ie→o: flog, fror, verlor, zog, schloss, floss
ei→ie: blieb, schrieb, lieh, schrie
ei→i: schnitt, stritt
e→a: aß, las, sah, geschah
a→u: trug, schlug

> **Tipp:**
> Lernen Sie die Präteritum-Formen in Gruppen mit denselben Vokalen! Auch kleine Reime helfen beim Merken, z.B.: *... und er sah, was dann geschah!*

A4 1. wurden 2. wurde 3. besuchte 4. kam 5. weglief 6. wollte 7. begann 8. machte 9. schrieb 10. veröffentlichte 11. lebte 12. heiratete 13. verschickte 14. gab heraus 15. war 16. zog zurück 17. lebte 18. blieb 19. schrieb 20. bekam 21. beantwortete 22. starb

A5 1. d) 2. f) 3. a) 4. e) 5. b) 6. g) 7. c)

A6 1. Jutta fuhr mit dem Fahrrad zur Schule. Sie war zu spät aufgestanden, deshalb hatte sie den Schulbus verpasst.
2. Christoph hatte die ganze Nacht getanzt. Am nächsten Morgen war er schrecklich müde.
3. Ende Dezember lagen zwei Meter Schnee, da es eine Woche lang pausenlos geschneit hatte.
4. Die Mutter musste die Küche putzen, weil ihre kleine Tochter einen Kuchen gebacken hatte.
5. Endlich bekam Hannes einen neuen Job, nachdem er zwanzig Bewerbungen geschrieben hatte.
6. Klara freute sich auf das Abendessen. Sie hatte seit dem Frühstück nichts mehr gegessen.
7. Anna fuhr stolz mit ihrem neuen Roller. Sie hatte ihn zum Geburtstag bekommen.

A7 1. bringen wird 2. Wird ... sein 3. werde ... leben; werden ... sein 4. geben ... wird 5. werden ... kämpfen 6. werden ... verstehen 7. wird ... entwickeln; wird ... geben 8. wird ... kommen 9. werdet ... einsehen

A8 1. Wenn das Wetter schön wäre, würde ich jetzt spazieren gehen. 2. Wenn ich singen könnte, wäre ich eine Opernsängerin. 3. Wenn ich Millionär wäre, würde ich eine Villa am Meer kaufen. 4. Wenn Stefan einen Hund hätte, könnte er jeden Tag mit ihm joggen gehen. 5. Wenn meine Kinder gerne kochen würden, müsste ich nicht jeden Tag für die Familie kochen. 6. Wenn du viel lernen würdest, hättest du in der Schule gute Noten. 7. Wenn wir genug Geld hätten, würden wir im Sommer Urlaub auf den Malediven machen. 8. Wenn ihr nicht lange schlafen würdet, würdet ihr nicht zu spät zur Schule kommen.

> **Zur Erinnerung:**
> Den Konjunktiv II bildet man mit ,würden' + Infinitiv, außer bei *haben*, *sein*, *werden* und den Modalverben.
> Ein paar wenige unregelmäßige Verben sind auch gebräuchlich in der Konjunktiv II–Form (*kommen, gehen, tun, lassen, schreiben, bleiben, wissen*).

A9 1. solltest ... kochen 2. müsstest ... aufräumen 3. dürften ... fernsehen 4. würde ... stehen 5. könntest ... helfen 6. solltest ... geben 7. Könntest ... gehen 8. lernen würdest; könnte ... schreiben 9. wäre; anschauen würdest; könntest ... lernen 10. lassen würde

A10 1. kommen würde (käme) 2. hätte 3. schreiben würde (schriebe) 4. tun würde (täte) 5. wissen würde (wüsste) 6. bleiben würde (bliebe) 7. gehen würden (gingen) 8. lassen würde (ließe)

A11 1. h) 2. j) 3. g) 4. i) 5. a) 6. b) 7. c) 8. d) 9. e) 10. f)

A12 1. Er sieht aus, als ob er traurig wäre. 2. Es sieht aus, als ob es bald regnen würde. 3. Aber er redet so, als ob er zu viel getrunken hätte. 4. ..., tut er nur so, als ob er viel Stress hätte. 5. Er tut nur so, als ob er musikalisch wäre.

A13 1. Um 8 Uhr wird die Abendkasse geöffnet. 2. Wegen Bauarbeiten werden die Linien U3 und U6 für eine Stunde geschlossen. 3. Ab August wird das Theater renoviert. 4. Hier wird eine neue U-Bahn-Station gebaut. 5. Die Besucher werden gebeten, im Museum nicht zu fotografieren. 6. Die Ausstellung wird am 16. Mai eröffnet. 7. Autos ohne Parkerlaubnis werden von der Polizei abgeschleppt. 8. Die Funktion des Fotoapparates wird in der Gebrauchsanweisung erklärt.

A14 1. Die Einladungen müssen dringend verschickt werden. 2. Die Hotelzimmer müssen spätestens Ende der Woche bestellt werden. 3. Die Technik darf nicht vergessen werden. 4. Die Vorträge sollen von den Referenten möglichst bald vorbereitet werden. 5. Die Finanzierung muss geklärt werden. 6. Der Konferenzraum muss heute noch gebucht werden. 7. Die Presse kann erst zwei Tage vor Konferenzbeginn benachrichtigt werden. 8. Die Tagesordnung muss entworfen werden.

A15 Der Münchner Viktualienmarkt ist ein großer Platz im Zentrum der Stadt. Seit 1806 wird hier Obst und Gemüse verkauft, aber auch Brot, Fleisch oder Käse gibt es hier. Mitten auf dem Marktplatz steht ein großer Maibaum. Er wird am 1. Mai mit einem frischen Kranz geschmückt und zeigt das traditionelle Handwerk in München. Auch einen gemütlichen Biergarten gibt es hier. Da wird Bier getrunken, werden Würstel gebraten und Brezen gegessen.
Mit kleinen Brunnen wird an berühmte bayerische Schauspieler erinnert.
Am Faschingsdienstag wird hier den ganzen Tag über Fasching gefeiert. Vormittags kann man den traditionellen Tanz der Marktfrauen sehen, und später gibt es Musik und natürlich jede Menge zu trinken. In den Bäckereien um den Marktplatz werden Faschingskrapfen verkauft und zu späterer Stunde – wenn man Glück hat! – sogar verschenkt.

Den Touristen wird von den Stadtführern am Viktualienmarkt viel über die Münchner Geschichte erzählt – auf jeden Fall ist dieser Platz einen Besuch wert!

A16 1. Um den Garten herum wurde eine Hecke gepflanzt. 2. Am hinteren Ende des Gartens wurde ein Pavillon gebaut. 3. Vor dem Pavillon wurde ein Teich mit Seerosen angelegt. 4. An der südlichen Hauswand wurde eine Kletterrose hochgezogen. 5. Die verschiedensten Kräuter wurden gesammelt und in der Nähe der Küche eingesetzt. 6. Den Weg zum Hauseingang entlang wurden Apfelbäume gepflanzt. 7. Die Rosen wurden regelmäßig geschnitten, damit sie gut wachsen konnten. 8. Aus einem großen, aber einfachen Garten wurde ein Schmuckstück gemacht.

A17 1. wurde ... ausgelöscht; wurde ... geholt, getragen, angezündet. 2. wurde ... gegessen; wurde ... genannt; wurde ... gebraut, getrunken; gebrochen wurde. 3. wurden ... gesucht; wurden ... geschlagen; wurde ... genommen 4. wird ... gegessen; wird ... angezündet; werden ... geschlagen.

A18 1. ... ist ein UFO über Texas gesichtet worden 2. ... ist der älteste Mensch im Himalaya gefunden worden 3. ... ist ein Goldschatz vor Afrikas Küste entdeckt worden 4. ... ist ein Hund von einem Tiger aus dem/einem Zoo gefressen worden 5. ... sind 142 Dorfbewohner bei einem/dem Vulkanausbruch

verletzt worden 6. ... sind siamesische Zwillinge getrennt worden
7. ... ist ein Bild von Picasso für
10 Millionen Dollar verkauft worden
8. ... sind die Lebensmittelpreise
um 15 Prozent erhöht worden

A19 1. Der Vertrag mit unserem Partner
in Hamburg ist nicht geschrieben
worden. 2. Die Flüge nach London
sind nicht gebucht worden. 3. Die
Werbebriefe sind nicht vor 17 Uhr
zur Post gebracht worden. 4. Der
Termin bei der Messe ist nicht abgesagt worden. 5. Die Handwerkerrechnung ist nicht überprüft
worden. 6. Abends ist die Kaffeemaschine / Die Kaffeemaschine ist
abends nicht ausgeschaltet worden.
7. Die Bürotür ist nicht zugeschlos-
sen worden. 8. Das Angebot für
London ist nicht ins Englische über-
setzt worden. 9. Die leeren Kaffeetassen auf den Schreibtischen sind
nicht weggeräumt worden.

A20 1. wird ... genannt 2. ist ...
verlaufen; geteilt hat 3. ist ...
gegangen 4. durfte ... benutzt
werden 5. ist ... geschossen
worden 6. ist ... abgebaut worden
7. kann ... besichtigt werden 8. ist
... eingerichtet worden 9. werden
... erzählt; gegraben worden ist
10. sind ... geflohen

A21 1. f) 2. j) 3. a) 4. g) 5. b) 6. e)
7. c) 8. d) 9. h) 10. i)

A22 1. woran; an; mit; davon; darüber;
auf; in; von 2. darauf; vom; von;
davon 3. an; um; an; dafür; auf;
beim; über; dagegen

A23 1. Über wen oder worüber?
2. Für wen oder wofür?
3. Über wen oder worüber?
4. Woran? 5. Bei wem und wofür?
6. Bei wem und wonach?
7. Wonach? 8. Wozu? 9. Wovon?
10. In wen?

> **Zur Erinnerung:**
> Die Kombination *da(r)*+Präpo-
> sition und *wo(r)*+Präposition
> geht nicht bei Personen! Hier
> brauchen Sie die Präposition
> und das Personalpronomen
> bzw. Fragewort (z.B. ◆ *Über
> wen sprichst du?* ● *Ich spreche
> über ihn.*)

A24 1. davon 2. an 3. darauf 4. auf
5. darüber 6. für 7. mit 8. auf
9. darüber 10. um 11. von 12. mit
13. daran 14. davon 15. mit
16. darunter 17. dafür

A25 1. Du brauchst das Frühstück
nicht vorzubereiten, lass das
unsere Küchenhilfe machen.
2. Du brauchst nicht die Blumen
zu gießen, lass unseren Gärtner
im Garten arbeiten. 3. Du brauchst
nicht zum Einkaufen zu gehen,
das kannst du unser Hausmädchen
machen lassen. 4. Du brauchst
nicht das Wohnzimmer aufzuräu-
men, lass unsere Hausdame für
Ordnung sorgen. 5. Du brauchst
dein Auto nicht selbst zu fahren,
lass unseren Chauffeur dich in die
Firma bringen. 6. Du brauchst
deine Briefe nicht selbst zu
schreiben, lass deinen Sekretär
das erledigen. 7. Wir brauchen

nicht so viel Personal zu bezahlen, lass uns alle Arbeit selbst erledigen.

A26 1. zu 2. – 3. – 4. – 5. zu 6. zu 7. zu 8. zu 9. zu / – 10. zu / – 11. zu 12. zu 13. zu 14. – 15. – 16. zu 17. zu

A27 1. ◆ Hast du dir schon den neuen Film mit Johnny Depp angesehen? ● Den will ich mir morgen Abend anschauen. 2. ◆ Wasch dir bitte vor dem Essen die Hände! ● Ich habe sie mir schon gewaschen. 3. ◆ Hast du dir fürs neue Jahr etwas vorgenommen? ● Ich habe mir die Renovierung meines Hauses vorgenommen. 4. ◆ Denk dir eine Geschichte aus und erzähl sie mir! ● Ich kann mir nicht so schnell eine Geschichte ausdenken. 5. ◆ Hast du dir den Namen von der tollen Frau gemerkt? ● Tut mir leid, aber ich kann mir Namen sehr schlecht merken. 6. ◆ Wie stellst du dir deinen Traummann vor? ● Ich stelle ihn mir wie Robert Redford vor.

A28 1. mir; dich 2. mir; sich 3. mir; dir 4. dich; uns 5. mich; mir 6. mich; mir; sich 7. dir; sich; mich

B. Satz

B1 1. h) 2. e) 3. a) 4. b) 5. i) 6. c) 7. d) 8. j) 9. f) 10. g)

> **Zur Erinnerung:**
> *deshalb, deswegen, darum* und *daher* haben dieselbe Bedeutung, ebenso wie *trotzdem* und *dennoch*!

B2 1. trotzdem/dennoch
2. deshalb/daher
3. wie 2.
4. wie 2.
5. wie 1.
6. jedoch
7. wie 1.

B3 1. den 2. die 3. der 4. die 5. der 6. denen 7. dem 8. den 9. die 10. der

B4 1. die 2. den 3. das 4. dem 5. das; dem 6. die; der 7. der; dem 8. das

B5 1. der; aus dem; durch den 2. die; aus der; in der 3. das; mit dem; über das 4. mit denen; die; die

B6 1. Hier kommt Johnny Depp, dessen Auftreten von einem Aufschrei seiner Fans begleitet wird. 2. Soeben steigt Keira Knightley, deren fantasievoll geschnittenes Abendkleid ihre schmale Figur betont, aus dem Taxi. 3. Penélope Cruz, deren Schuhabsätze bestimmt 20 Zentimeter hoch sind, geht sicher über den roten Teppich.

4. Mickey Rourke, dessen Lederjacke wie eine Schlangenhaut aussieht, ist in Begleitung einer jungen Schönheit. 5. Brad Pitt und Angelina Jolie, deren sechs Kinder in den USA geblieben sind, lächeln in die Kameras. 6. Schließlich fährt auch Woody Allen vor, dessen große Hornbrille sein Markenzeichen ist.

B7 1. von dem; mit dem; der; von dem; auf/über den 2. mit der; in die; mit der; die; für die 3. die; mit denen; von denen; auf die; die

---

> **Zur Erinnerung:**
> Der Relativsatz kommt gleich nach dem Wort, auf das er sich bezieht.
> Ausnahme: Der Relativsatz ist sehr lang oder am Ende des Hauptsatzes stehen nur noch ein oder zwei Wörter (z.B. Am Nachmittag kaufte sie in dem Geschäft, das ihre Freundin empfohlen hatte, ein. Besser: Am Nachmittag kaufte sie in dem Geschäft ein, das ihre Freundin empfohlen hatte.)

B8 1. Leih mir bitte das Buch, von dem du letzte Woche so begeistert erzählt hast. 2. Morgen stelle ich dir unseren neuen Mitarbeiter vor, mit dem du ab nächster Woche zusammenarbeiten wirst. 3. Endlich hat sich Karl mit dem Mädchen verabredet, an das er ständig denken muss. 4. Bitte, Alexander, triff dich nicht mehr mit den Jungen, mit denen du sowieso immer nur streitest!

5. Der Deutschkurs, an dem Chantal teilnehmen möchte, beginnt am 4. Mai. 6. Ich möchte Ihnen den Institutsleiter vorstellen, an den Sie sich gerne mit Fragen und Problemen wenden dürfen. 7. Das hier sind meine Freunde Jim und Joe, von denen ich dir schon viel erzählt habe.

B9 1. Berlin ist die Stadt, wo das deutsche Parlament regiert.
2. Die Schweiz ist ein Land, wo vier Sprachen gesprochen werden.
3. Über Deutschland habe ich vieles gelesen, was mich interessiert.
4. „Englischer Garten" heißt der Park in München, wo ich mich am besten erhole. 5. In seiner Heimatstadt gibt es nichts, was noch nicht gesehen hätte. 6. Der Hafen ist bis jetzt leider alles, was ich von Hamburg gesehen habe.
7. Das Bier ist das, was Bayern in der Welt bekannt gemacht hat.
8. Nordrhein-Westfalen ist das Bundesland, wo es am meisten Industrie gibt. 9. Sanssouci heißt das Schloss in Potsdam, wo die preußischen Könige gelebt haben.
10. Sie hat eine lange Reise durch Deutschland gemacht, was ihr sehr gut gefallen hat.

B10 1. was 2. auf die 3. wo/in dem 4. worüber 5. was 6. mit dem 7. um die 8. wovor 9. woran 10. worüber 11. das 12. der

B11 1. als 2. Wenn 3. Als 4. wenn 5. wenn 6. wenn 7. Als 8. als 9. wenn 10. wenn

B12 1. Nachdem Tanja in die Schule gegangen war, habe ich die Küche aufgeräumt. 2. Bevor ich Ida zum Kindergarten gebracht habe, habe ich die Betten gemacht. 3. Nachdem ich eingekauft hatte, habe ich die Kontoauszüge von der Bank geholt. 4. Während ich Suppe gekocht habe, habe ich mit Omi telefoniert. 5. Nachdem Tanja heim gekommen war, haben wir zusammen gegessen. 6. Bevor ich Ida abgeholt habe, habe ich mit Tanja Hausaufgaben gemacht. 7. Während ich am Spielplatz auf Ida aufgepasst habe, habe ich Vokabeln für Italienisch gelernt. 8. Nachdem ich nach Hause gekommen war, habe ich im Garten Blumen gegossen. 9. Nachdem ich das Abendessen vorbereitet hatte, habe ich mit den Kindern gegessen. 10. Bevor ich mit Tanja Federball gespielt habe, habe ich Ida ins Bett gebracht.

> **Zur Erinnerung:**
> Bei *nachdem* steht der Nebensatz im Plusquamperfekt und der Hauptsatz im Präteritum (oder, in der gesprochenen Sprache, im Perfekt) oder der Nebensatz im Perfekt und der Hauptsatz im Präsens.

B13 1. wenn 2. Wenn 3. Bevor 4. nachdem 5. während 6. Als 7. wenn 8. bevor 9. Während 10. sobald/wenn 11. Nachdem 12. Seitdem

B14 1. weil 2. weil 3. obwohl 4. weil 5. obwohl 6. obwohl 7. obwohl 8. weil 9. obwohl 10. obwohl 11. weil 12. weil

B15 1. weil; falls; Weil; Wenn; wenn 2. weil; Wenn; Da; falls/wenn 3. wenn; wenn; weil/da; wenn; falls

> **Zur Erinnerung:**
> *Da* steht bei einem Grund, der allgemein bekannt ist.
> *Weil* ist die Antwort auf die Frage: *Warum?*

B16 1. um ... zu 2. so ... dass 3. um ... zu 4. sodass 5. damit 6. so ... dass 7. sodass 8. ohne ... zu

B17 1. Moritz hat das Abitur geschafft, indem er fleißig gelernt hat. 2. Malte ist Schwimmweltmeister geworden, indem er täglich trainiert hat. 3. Julius ist Architekt geworden, indem er lange studiert hat. 4. Raffaela hat einen Musikpreis gewonnen, indem sie täglich geübt hat. 5. Vincent ist reich geworden, indem er einen Bestseller geschrieben hat. 6. Alexander hat eine tolle Erfindung gemacht, indem er geduldig experimentiert hat. 7. Tatjana hat gegen die Umweltverschmutzung protestiert, indem sie Unterschriften gesammelt hat.

B18 1. um 2. anstatt 3. ohne 4. um 5. anstatt 6. anstatt/ohne 7. um 8. ohne 9. um 10. ohne/anstatt 11. anstatt 12. um 13. ohne 14. um 15. anstatt

B19 1. ..., damit seine Kinder einmal studieren können. 2. ..., um sich einen Porsche zu kaufen. 3. ..., um mit seiner Frau in zwei Jahren eine Weltreise zu machen. 4. ..., damit sein Haus in zehn Jahren renoviert werden kann. 5. ..., damit man von der Straße nicht hineinschauen kann. 6. ..., um seine Ruhe zu haben. 7. ..., damit er den Blumen ein bisschen Schatten gibt. 8. ..., um eine Grenze zum Nachbargarten zu ziehen. 9. ..., damit sein Chef ihn beneidet. 10. ..., um die Frauen zu beeindrucken. 11. ..., um sich einen Kindheitstraum zu erfüllen. 12. ..., um nicht immer nur Porsche zu fahren.

> **Zur Erinnerung:**
> Bei gleichem Subjekt im Haupt- und im Nebensatz benützt man *um ... zu* statt *damit*. Das ist stilistisch besser!

B20 1. Es ist so laut am Bahnhof, dass man die Durchsagen nicht versteht. 2. Laura hat die ganze Nacht getanzt, sodass ihr am Morgen die Füße wehtun. 3. Am ersten Ferientag ist der Verkehr so stark, dass es viele Staus in Richtung Süden gibt. 4. Der Mathematikunterricht war so langweilig, dass Leoni eingeschlafen ist. 5. Es hat wochenlang geregnet, sodass die Flüsse Hochwasser haben.

6. Die Satiresendung war so lustig, dass ich Tränen gelacht habe. 7. Im letzten Winter herrschten wochenlang Minusgrade, sodass die Heizkosten sehr hoch waren.

B21 1. ..., als ihr Trainer erwartet hatte. 2. ..., wie der Lehrer befürchtet hatte. 3. ..., als geplant war. 4. ..., als die Wissenschaftler berechnet hatten. 5. ..., wie die Agentur gehofft hatte. 6. ..., wie immer alle gesagt haben! 7. ..., wie du gesagt hattest. 8. ..., als die Wettervorhersage es angekündigt hatte. 9. ..., als sie geglaubt hatten. 10. ..., wie ich dafür gespart habe.

B22 1. Je länger die Schüler am Wochenende schlafen, desto schlechter sind sie in der Schule. 2. Je größer das Interesse an Latein ist, desto mehr Geld verdient man später in seinem Beruf. 3. Je mehr Sport Kinder machen, desto größer werden sie. 4. Je mehr Hausaufgaben man macht, desto klüger wird man. 5. Je mehr Kinder von der Tafel abschreiben, desto besser lernen sie die Rechtschreibung. 6. Je kürzere Haare ein Junge hat, desto besser kann er denken. 7. Je weniger die Schüler sprechen, desto besser lernen sie.

> **Zur Erinnerung:**
> Statt *je - desto* kann man auch *je - umso* benützen.

B23
1. ob 2. obwohl 3. Wenn 4. ohne
5. um 6. Wenn 7. falls 8. wenn
9. damit 10. Falls 11. während
12. Da

B24
1. obwohl 2. während 3. als
4. nachdem 5. so ... dass 6. weil
7. damit 8. Nachdem 9. Als
10. wenn 11. Da 12. bis

B25
1. damit; falls 2. wenn; um ... zu;
damit 3. seitdem; nachdem 4. um
... zu 5. wenn; bevor/wenn;
während 6. seitdem; wenn; anstatt
... zu

C. Nomen

C1
1. ... die Namen seiner Großväter
2. ... die Nase seines Großvaters
Balthasar 3. ... die Nase des Vaters
4. ... die Nase meines Vaters
5. ... der seiner Großmutter
6. ... die der Großmutter
7. ... die Augen seines Brüderchens
8. ... das der Mutter

C2
1. des Monats; meines Sohnes
2. ihres Buches 3. des Kleides;
des Stoffes 4. unseres Hauses
5. der Kinder der Klasse; Herrn
Müllers 6. dieses Jahres 7. des
Films 8. Moritz' 9. Birgits
10. des Wagens; der Garage
11. Frau Wagners; ihres Mannes

C3
1. Franzosen 2. Biologen
3. Italiener 4. Kollegen 5. Namen
6. Buchstaben 7. Polizisten
8. Abend 9. Demonstranten
10. Friedens 11. Franzosen
12. Gedanken 13. Deutschen
14. Nähe 15. Direktor

D. Adjektive

D1
1. gelben; blauen; neues; schön;
gelbe 2. kühler; warm; kalter;
richtig heiß 3. spannendes; gute;
viele tolle 4. einfach fantastisch;
bunten; gut; laut; tot; schrecklicher
5. Japanischen; gebratenem;
grünen; frisches; fantastisch
6. schmutzigen; zweiten; seltsamer;
schönen; lässig gekleidet; hübsch;
elegant

D2
1. höheren; höchste 2. längeres;
längste 3. schwereres; schwerste
4. schnellere; schnellste 5. weiter;
weitesten 6. älter; höchsten

D3
1. meisten; langweiligere
2. schwerste; unsicherere
3. geringeren; älteren 4. teurere;
bessere; mehr 5. niedrigeres
6. häufigsten 7. höheres
8. größerer

D4
1. mit seinen selbst erlebten
Geschichten unterhalten 2. selbst
genähte Kleider 3. noch dampfen-
den Apfelkuchen 4. über lange
Jahre gesammelten Briefmarken
5. schlafenden Sohn ins Bett
6. mit einem gestohlenen Auto auf
der Flucht 7. in einem (uns) von
Freunden empfohlenen Restaurant

D5
1. Reisender 2. Deutsche
3. Angestellten 4. Blonde
5. Unbekannter 6. Fremder
7. Verwandten 8. Betrunkener
9. Verletzte 10. Gefangener
11. Jugendliche 12. Bekannten
13. Toter 14. Arbeitsloser
15. Verliebte

D6 1. wunderbare 2. blühende
3. duftende 4. frisches 5. mehr
6. Verliebte 7. Beste 8. langer
9. heiße 10. kühlen 11. wärmer
12. Deutsche 13. gemütlichen
14. Sicheres 15. am liebsten
16. Reisenden 17. gefärbten
18. mildes 19. stürmisches
20. schönstes 21. gemütliches
22. bitterkalter 23. niedrigsten
24. ganzen 25. gute
26. wärmenden 27. sonnigen
28. ausgedehnten 29. verschneite

E. Präpositionen

E1 1. außerhalb; -er 2. Während;
-es; -es 3. innerhalb; -es; -es
4. Außerhalb; -er 5. Während; -es;
-s; während; -er 6. innerhalb; -er
7. Außerhalb; -er; -er 8. während;
-es; -s 9. außerhalb; -er; während;
-es; -es

E2 1. Das Fußballspiel findet trotz des
starken Regens statt. 2. Frau Huber
geht trotz einer (ihrer) schweren
Erkältung ins Büro. 3. Rüdiger hat
wegen der Verspätung seines Zuges
das Flugzeug verpasst. 4. Das
Konzert musste wegen zu geringer
Nachfrage abgesagt werden.
5. Der Torwart kann wegen seiner
Verletzung am Knie nicht an der
Weltmeisterschaft teilnehmen.
6. Die Fahrradtour wurde trotz des
heftigen Gewitters nicht abgesagt.
7. Linda las den spannenden Roman
trotz der (ihrer) Kopfschmerzen
fertig.

E3 1. entlang 2. gegenüber; in
3. innerhalb; vor; zu; nach
4. entlang 5. an; durch
6. außerhalb; gegenüber 7. auf

> **Zur Erinnerung:**
> *entlang* kommt immer nach
> dem Nomen, *gegenüber* wird
> bei einem Pronomen immer
> nachgestellt (z.B.: *Er saß
> mir gegenüber*). Bei einem
> Nomen ist es auch nachgestellt
> möglich.

E4 1. inmitten; -er 2. außerhalb; -er
3. Um; -ie 4. -em; gegenüber
5. -en; entlang 6. an; -en/zu; -em
7. Von; -em 8. bis zum 9. innerhalb
von 10. während; -es; -s 11. Trotz;
-es 12. wegen; -er; -er 13. Ab; -er
14. für

F. Pronomen

F1 1. -welche 2. -einen 3. -eins
4. -eine 5. -einen 6. -eine 7.
-welche 8. -welchen 9. -einer
10. -eins

F2 1. irgendeinen 2. irgendeins
3. irgendeiner 4. irgendwelche
5. irgendeine 6. irgendwelche

F3 1. es 2. – 3. Es 4. es 5. – 6. es
7. Es 8. Es 9. – 10. es 11. es 12. es

F4 1. Es ist verboten, im Museum zu
fotografieren. 2. Hast du gehört,
ob es an der Tür geklingelt hat?
3. Findest du es in Deutschland
schön? 4. Das Schulhaus wird in
den Ferien renoviert. / In den
Ferien wird das Schulhaus renoviert. 5. Ist es möglich, in München
ein billiges Hotel zu finden?
6. Schmeckt es dir wirklich?
7. Es werden zur Konferenz 250 Teilnehmer erwartet. / Zur Konferenz
werden 250 Teilnehmer erwartet.
8. Im Mai kann man fühlen / Man
kann im Mai fühlen, dass es bald
Sommer wird. 9. In den Bergen
hat es die ganze letzte Woche
geschneit. / Die ganze letzte Woche
hat es in den Bergen geschneit. /
Es hat die ganze letzte Woche in
den Bergen geschneit.
10. Es gefällt mir / Mir gefällt,
dass du dich so sehr für Musik
interessierst.